玩娱授权

◀ 从授权管理到授信管理 ▶

陈禹安　陈泓希
著

FROM MUSTNESS TO
T R U S T N E S S

机械工业出版社
CHINA MACHINE PRESS

所谓"玩娱授权",就是将愉悦顾客所必需的充分权力动态授予与顾客直接接触的一线员工。在阐述"玩娱授权"内涵的基础上,本书认为,先有愉悦的员工,才有愉悦的顾客,为此组织必须对原来金字塔式的科层管理制度进行变革,以提供适配的组织支持。在"玩娱授权"的框架下,本书重新定义了员工和领导的本质,同时在整体上构建了未来组织管理的全新模式。

图书在版编目(CIP)数据

玩娱授权:从授权管理到授信管理/陈禹安,陈泓希著.
—北京:机械工业出版社,2019.6
ISBN 978-7-111-63058-6

Ⅰ.①玩… Ⅱ.①陈… ②陈… Ⅲ.①企业管理-组织管理学 Ⅳ.①F272.9

中国版本图书馆 CIP 数据核字(2019)第 130710 号

机械工业出版社(北京市百万庄大街 22 号 邮政编码 100037)
策划编辑:坚喜斌 责任编辑:於 薇
责任校对:佟瑞鑫 版式设计:张文贵
责任印制:郜 敏
河北宝昌佳彩印刷有限公司印刷
2019 年 8 月第 1 版第 1 次印刷
170mm×240mm・14.25 印张・200 千字
标准书号:ISBN 978-7-111-63058-6
定价:59.00 元

电话服务 网络服务
客服电话:010-88361066 机 工 官 网:www.cmpbook.com
　　　　　010-88379833 机 工 官 博:weibo.com/cmp1952
　　　　　010-68326294 金 书 网:www.golden-book.com
封底无防伪标均为盗版 机工教育服务网:www.cmpedu.com

前 言 | PERFACE

金字塔内部的玩具思维

本书是"玩具思维三部曲"的收官之作。从2014年提出"玩具思维"的概念，到今天《玩娱授权》的完稿，整整花费了5年的时间。

"玩具思维三部曲"在理论逻辑上构成了一个演进式的闭环。《玩具思维》针对的是外部顾客在产品偏好上从工具思维到玩具思维的重大变化。《玩家意识》则从产品延伸到了使用产品的人，探索顾客内在的身份意识，并提出要想与玩家化的顾客同频共振，组织内部的员工就必须同时具备玩家意识。而本书正是针对组织内部的员工，倡导要将实施玩具思维的权力授予员工，让他们能够"肆无忌惮"地为顾客创造愉悦。

1560年，一位瑞士钟表匠在游览埃及的金字塔时，突然灵感迸发，得出了一个结论：金字塔的建造者绝不会是奴隶，而只能是一批欢快的自由人！这个结论颠覆了一直被视为权威的奴隶建造论。这位钟表匠曾经因触犯了罗马教廷的教规而锒铛入狱。在坐牢期间，他被安排去制作钟表。在毫无自由和快乐可言的监狱里，他发现无论狱方采取什么高压手段，自己都不能制作出日误差低于1/10秒的钟表；而在入狱之前，在自家的作坊里，他能够轻松制造出误差低于1/100秒的钟表。为什么会出现这种情况呢？后来，他出了狱，又过上了自由的生活。他制造钟表的水准竟然奇迹般地恢复了。这时，他才意识到，影响钟表准确度的是制作钟表时的心情。一个钟表匠在不满和愤懑中，要想圆满地完成制作钟表的复杂工序，是不可能的；在对抗和憎恨中，要精确地磨锉出一块钟表所需要的零件，更是比登天还难。基于这一经历，他大胆推断："金字塔这么浩大的工程，建造得那么精细，各个环节衔接得天衣无缝，建造者必定是一批怀有虔诚之心的自由人。一群有懈怠行为和对抗思想的奴隶，绝不可能让金字塔的巨石之间连一片小小的刀片都插不进去。"

这个关于金字塔的故事，特别契合我们这本书的主题。

在现实的商业世界中，绝大部分公司的组织结构也都是金字塔结构的层级系统。在这样的金字塔结构中，处于一线的员工虽然不是奴隶，但也已经被约束成了像机器人一样的执行者，不允许自己独立思考和自主决策。

不快乐、没自由的奴隶，不可能建造出如此宏大精妙的金字塔。那么，不快乐、缺乏自主权的员工能够超越顾客的预期，为顾客创造愉悦吗？

2014年，微脉冲公司（TINY pulse）公司做了一项调查。这是一家帮助组织领导者更好地理解企业文化的公司，来自不同行业的500多名员工参加了调查。调查的题目是：影响工作表现的七大因素。其中的一个问题是，什么能激励你在公司加倍努力，力求脱颖而出？

以下是这个问题的各种答案和占比：

- 同事之间的关爱，占20%
- 做好一份工作的内在渴望，占17%
- 感觉受到鼓励和赏识，占13%
- 能产生实质性的影响，占10%
- 能在专业上取得进步，占8%
- 满足客户或顾客的需求，占8%
- 金钱或奖励，占7%
- 积极向上的主管或高层管理人员，占4%
- 对公司或产品有信心，占4%
- 其他，占9%

从这个问题可以看出，金钱的激励对员工的影响力较小。员工越来越在乎个体的感受。不快乐的员工是没办法为顾客生产快乐的。那些习惯于束缚员工手脚的传统金字塔组织，显然已经不适应当下及未来充满不确定性的商业世界了。

但是，组织如果放弃管控，是不是会变成一盘散沙、一团乱麻？

面向未来思考的组织管理学专家玛格丽特·惠特利曾经提出了一系列问题：到哪里去找秩序？复杂系统如何改进？怎样建立组织才能让它既灵活又有良好的适应性，让它能力更强而不是被束缚住手脚？如何简化事务而又不丢失重要的组成部分？如何既满足个人自治和成长的需要，又满足组织对预测及责任的需要？

这些问题实际上可以归结为一个"管理天问"：未来，我们需要什么样的组织？

这就是本书要解答的问题。

所谓"玩娱授权"，就是将愉悦顾客所必需的充分权力动态授予与顾客直接接触的一线员工。这不是传统意义上的授权，而是授信，即充分信任员工具备合理运用组织内一切资源的能力与品德。授信管理的前提是赋值而不是赋能，即将正确的价值观赋予员工。同时，摒弃组织内信息的层级化垄断，让员工知道为什么去做（Know-why），而不仅仅是怎么去做（Know-how）。

所以，本书的核心内容就是"金字塔内部的玩具思维"，即如何为组织内部的员工响应顾客的玩家意识、实施玩具思维提供组织保证。通俗地说，只有愉悦的员工，才有愉悦的顾客；先有愉悦的员工，再有愉悦的顾客。这也意味着，组织必须对原来金字塔式的科层管理制度进行变革，以提供适配的组织支持。

在玩娱授权框架下，本书重新定义了员工：凡是为了愉悦顾客这一目标服务的一切人员，都可以被认为是公司员工，而不必受组织隶属身份的限制。同时，领导的本质也被重新定义为互动服务，以取代传统的发号施令，从而在整体上构建了未来组织管理的全新模式。

玩具思维时代实际上就是美国人类学家米德所称的"后喻时代"，也就是老年人反过来要向年轻人学习的时代。具有高度自我意识的00后作为第一代互联网原住民已经开始走向成年。追求个性、喜欢炫酷好玩、渴望即刻满足、敢于发表主见的00后，在后喻效应下，在整体上推动了"消费者00后化"（即具有高度自我意识）的趋势。这也是玩具思维成为主流趋势的内在动力。有鉴于此，组织必然需要越来越多充满激情、自动自发满足顾客即刻需求的无限责任员工。

在本书写作的过程中，我们看到了共享办公空间供应商优客工场提出了自己的新使命：给你的每一个工作日带来快乐（Bringing you happiness every working day）。

如果每个公司都能做到给员工的每一个工作日带来快乐，工作就将不再只是一项生计，不再是一个接一个枯燥乏味的任务。员工就会致力于追求一种创意迸发、能力精进的自我实现，从而快乐自己，愉悦顾客。

这就是玩娱授权唯一的价值诉求。

目录 | CONTENTS

前言　金字塔内部的玩具思维

第一章
玩娱授权的趋向　　　　　　　　　　001

后喻效应下的00后 / 004

消费者的颠覆性变化 / 010

营销4P的演变 / 014

"别人家"的员工 / 015

一组惊人的数据 / 018

新东方"吐槽"大会 / 019

阿里巴巴与四个"月饼大盗" / 025

华为难续博士情缘 / 028

滴滴裁员"欢乐颂" / 033

无限责任员工 / 035

玩娱授权的趋向 / 038

第二章
从授权管理到授信管理　　　　　　　041

授权管理的起源与弊端 / 043

玩娱授权就是授信管理 / 047

从"知道如何去做"到"知道为什么要做" / 057

从赋能到赋值 / 063

授权管理的隐形成本 / 073

从授权管理到授信管理 / 075

第三章

玩娱授权的构成及驱动力　　　　　　　　　　　　　　085

知情权 / 087

参与权 / 092

决策权 / 094

客服背后的秘密 / 102

海底捞的教训 / 109

安全感：组织防御的消除 / 111

玩娱授权的幸福感公式 / 116

组织内部的玩具思维 / 120

第四章

重新定义员工　　　　　　　　　　　　　　　　　　　　125

可怕又荒谬的假设 / 126

身份行为学的分析 / 130

玩娱性头衔、花名和外号 / 139

员工就是动态 CEO / 144

组织之外的员工 / 146

组织防御的阴影 / 150

第五章
重新定义领导 　　　　　　　　　　　　　　153

领导者的自我超越／155

领导者的玩娱授权悖论／159

互动服务型领导关系／165

两个医生的故事／171

领导者的象征性存在／175

第六章
创建玩娱授权组织 　　　　　　　　　　　　177

原初的动力／179

选择合适的人／180

充分信任员工／181

推崇价值观的力量／182

团队规模合理化／183

玩是最好的社交／184

维新优先于维稳／186

快速反应／186

附录A　请给员工"娱乐授权"／189

附录B　论互动服务型领导关系／197

后记1　我的玩娱授权实践／205

后记2　玩赢未来／215

第一章
玩娱授权的趋向

玩娱授权
从授权管理到授信管理

从纵观百年的时间维度来看，2018年1月1日将注定成为一个社会经济发展的重大转折点，也将注定成为一个商业进化的重大转折点。

从这一天开始，作为千禧一代的00后开始陆续步入成年人的行列，他们不但将成为主流的消费者，同时也将成为为主流消费者服务的主流工作者。

世界终将走向00后！

世界终将面对00后！

这一代人总体上是在物质富足中以及作为第一代互联网原住民成长起来的，个性突出、锋芒毕露，在虚拟世界与现实世界中切换自如。他们将怎样改变社会的面貌？他们将会怎样改变商业的运营法则？

当00后作为顾客，他们会勉强自己接受传统企业组织所提供的循规蹈矩的产品或服务吗？

当00后作为员工，他们能够接受并适应以管控为本质特征，公司内部充满压抑氛围的传统企业组织形态吗？

《玩具思维》这本书正是回答了"00后作为顾客"这个问题。

玩具思维的核心要义是：产品要在满足消费者的基本功能性需求之外，额外满足他们有趣、好玩、时尚、炫酷、新潮等更深层次的情感需求。

从商业世界已经发生的诸多重大事件来看，玩具思维已经取代工具思维，成为新的主流趋势，并将在今后很长一段时期内持续发挥影响。《玩具思维》

第一章
玩娱授权的趋向

观察到了消费者偏好的这一未来大趋势。这个趋势并非只针对00后而言，但00后作为未来的主流消费者，他们对于玩具思维产品的偏好自然是题中不言自明之意，而且在程度上会更加突出。

00后是不会牺牲自己的个性偏好来勉强接受平庸无趣、千篇一律的工具思维产品的。所以，企业未来要生产或提供什么样的产品及服务（What To Do）是很明确的。

行为的变化往往反映身份意识的变化。当消费者偏好玩具思维产品时，其自我身份定位自然也从工具思维下的用户，变成了玩具思维下的玩家。

《玩家意识》这本书就把探讨的重点从产品转向了人。当消费者的自我身份定位成为玩家，自然就会表现出种种与玩家身份相匹配的言行举止。为了与"玩家化"了的消费者同频共振，公司的员工显然也必须化身为玩家。

00后作为员工，很自然地就能化身为玩家为消费者提供服务，因为他们天生就是玩家。但是，传统的管控型组织能够容忍自己的员工表现出不循规蹈矩、不崇拜权威的玩家风范吗？

这个问题实际上是双向的，与"00后作为员工，能否接受并适应以管控为本质特征，公司内部充满压抑氛围的传统企业组织形态"是同一个问题的两个面。

如果传统的金字塔科层制组织坚持奉行上行下效，就像日本企业家松下幸之助所说的"老板负责思考，员工负责机械地使用螺丝刀"那样，00后一定会远离这样的公司。

那么，面向未来的组织为了吸引并留住00后员工，需要在管理模式及内部架构上做出怎样的变革或调整呢？

当然，组织的金字塔并不会在一夜之间倒掉。传统的组织架构模式从规模生产、大型复杂协作等角度，在一定的时期内依然具备存在的必要性。

那么，组织应该营建什么样的文化氛围来对冲和缓解组织内部系统性的压抑感，以便充分发挥员工的自主性、想象力与创造力呢？

要特别说明的是，我们频频提及00后，并不是要将本书的内容完全局限于00后。00后身上具备的这种时代特征，因为后喻效应的影响，在总体上已经成为主流人群的时代特征。

所以，我们是将00后作为时代特征最锐化的代表者来加以研究，以求得出普适性的规律与观点。为此，本书特别邀请了一位00后作为合著者，以便深刻地理解00后，准确把握未来的方向。毕竟，只有00后才最懂00后！

后喻效应下的00后

00后是互联网的原住民，当他们出生时，互联网初步迈入正轨。同步于他们的成长，互联网高速发展，成为他们最基本的生活背景。

对于00后这一代人来说，互联网，特别是移动互联网，就像是他们每天都要呼吸的空气一样；而承载各种网络功能及服务的智能手机，就像是他们身上的一个器官一样。

中国青少年宫协会儿童媒介素养教育中心在全国18个重点城市，对大约2万名3~14岁儿童及其家长开展了一项系统性调研——"儿童与媒介——中国城市儿童媒介素养状况及其媒介素养教育研究"。

这项研究揭示了00后的几个重要特点。

1. 滑一代：屏幕一代

00后上幼儿园时，他们的家庭中已经有95.1%拥有手机，84.2%拥有iPad，95.1%拥有电脑。38.6%的00后在小学中年级时开始拥有自己的手机。到了初中，手机开始成为他们的"标配"，手机全面超越课外书，成为最受孩子们欢迎的媒介。到了初中，已有60.2%的00后周末使用电子设备的时间超过60分钟。

第一章
玩娱授权的趋向

2. 微一代：社交媒体一代

00后从小就学会了使用QQ、微信和微博。在问及"你最喜欢使用的交流方式"时，47.3%的初中生说是QQ，超过了回答"面对面"的比例。他们积极加入各种QQ群（48.2%）和线上联盟（31.4%），结交朋友。57.2%的初中生说自己有陌生网友，不少初中生在访谈中承认会背着爸爸妈妈和陌生网友见面。

3. 游一代：网游一代

54.1%的00后表示，他们使用电脑主要是玩游戏，还在游戏中积极加入各种联盟、工会等虚拟社团。他们对游戏的选择有较强的自主性。

4. 搜一代：百度一代

00后很小就学会了遇到问题上网自己找答案，并懂得上网查证信息。33.5%的初中学生表示自己订阅了微信公众号，通过公众号与最新潮流资讯保持同步。

5. 秀一代：爱分享表达的一代

超四成（41.2%）的00后表示，自己经常在网上发布内容，喜欢在网上分享图片、文章和小视频。他们还从小利用微博、美拍等平台创建自媒体，28.6%的初中生表示自己在自媒体上拥有粉丝。

研究还发现，00后上网的主要行为分为娱乐、交往、学习、表达四大类。

如图1-1所示，在幼儿园阶段，00后孩子的在线行为主要体现在娱乐方面，包括看视频（51.7%），听音乐（26.2%）。这个阶段，00后孩子还比较依赖家长来开展线上行为。

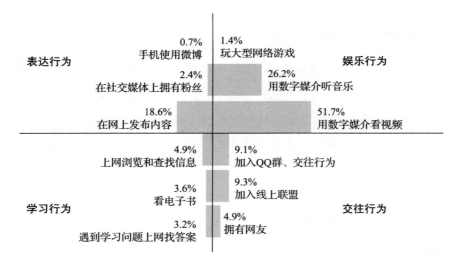

图 1-1　00 后在线行为分布 1（幼儿园孩子，3~6 岁）

如图 1-2 所示，在小学中年级阶段，00 后孩子的在线行为在多个方面有了突飞猛进的发展。他们自己掌握了上网的主动权（38.6% 的孩子拥有手机），线上交往更活跃（44.6% 的孩子拥有 QQ，26.0% 的孩子加入了线上联盟），电子游戏成了他们的最爱。

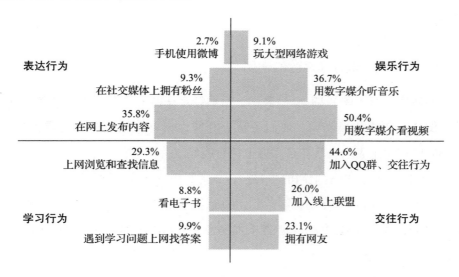

图 1-2　00 后在线行为分布 2（小学中年级，9~10 岁）

第一章
玩娱授权的趋向

再来看进入青春期的00后孩子，如图1-3所示。

进入青春期的00后孩子，上网已经成为他们的生活主流，他们频频在网络上发声，通过网络进行学习也变成习惯，他们的在线活动频率及内容已经超过了家长。（57.2%的孩子拥有网友，49.4%的孩子上网浏览信息和查找资料，64.1%的孩子在网络发布内容，28.6%的孩子在社交媒体上拥有自己的粉丝。）

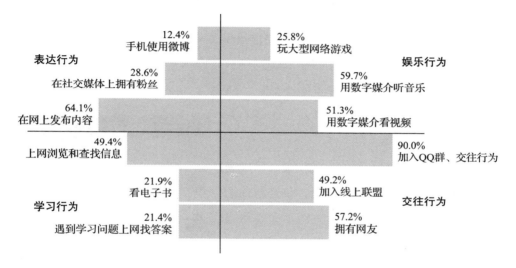

图1-3 00后在线行为分布3（初中，12岁以上）

中国青少年宫协会儿童媒介素养教育中心所做的这项调查研究，清晰展示了00后孩子网络行为习惯的形成与演变过程，而习惯是会不断延续并且自我强化的。

无可否认的是，00后作为第一代互联网原住民，对于互联网权力的运用比之前所有的互联网移民要更加得心应手。当他们日渐成年，成为主流消费者之后，企业与商家必须深入研究他们的消费偏好、购物习惯等，以做出适应性调整。

中国青年报和腾讯QQ（QQ是00后首选的社交软件）在2018年（也就是00后成年的第一年）联合发布了《00后画像报告》，可以帮助我们更好地了解00后。

根据《00 后画像报告》，00 后这样评价自己：开放、自信、自我、独立、宅。这些关键词代表了 00 后身上强烈的个性。这对于未来要以 00 后为主流消费者的企业及商家有什么启示？

00 后对于生活中希望出现的改善提出了自己的意见。其中，69.5% 的人希望改善自己的经济条件，53.4% 的人希望减轻升学压力，30.2% 的人希望家人能够更多地陪伴自己。

这些数据，对于我们了解 00 后又能给出怎样的提示呢？

尽管我们想方设法地去了解 00 后，但 00 后仍然有些神秘莫测。我们不妨来看看下面一段话，你是否能够看懂？（见图 1-4）

看了这段 00 后的日常对话，你是不是完全不知所云，彻底懵了？

事实上，00 后在网络上的沟通，已经完全自行创造出了一套话语体系，就连与他们年龄最接近的 90 后、95 后，都不太看得懂了，以至于在 00 后的对话中，"你太 90 后了"都成了"贬义"，意思是"你太老了"。

再来看看一些 00 后话语体系中的专有词汇：

扩列 = 交朋友

躺列 = 加了好友却不交流，只是静静待在好友列表里

图 1-4 00 后日常对话截图

cgx = 处关系，由此延伸出来的 cby = 处吧友，cqy = 处 Q 友（在 QQ 上交朋友），cdx = 处对象

养火 = 增进感情（QQ 好友互动会擦出火花的标志，互发消息三天出现小火花，互发消息超过三十天会出现大火花。养火就是希望两个人之间多多互动——帮忙点赞、互评、转发说说，增进线上感情）

第一章
玩娱授权的趋向

mz = 秒赞

xswl = 笑死我了

nbcs = nobody cares 的英文缩写

dbq = 对不起

bhys = 不好意思

sk = 生日快乐

……

上述词汇你能看懂几个？

语言是思维的外显，如果我们连00后的语言都听不懂，还怎么理解他们的想法，与他们交流？如果00后成为我们的主流顾客，我们还怎么去为他们提供让他们满意的产品及体验呢？

对于年轻消费者不够理解，已经让百年老店宝洁付出了惨重的代价。近几年来，宝洁旗下几乎所有产品的销售量都在下降，美容、洗护、健康、纺织品、婴儿这5个重要的品类甚至出现了双位数跌幅。尽管它4次更换CEO、裁员、砍掉一百多个小品牌、削减广告预算，但是这些措施似乎并不奏效。在2016年第一季度的财报里，宝洁的全球销售额仍然大幅下滑了12%，创下了连续7个季度以来的最大跌幅。

宝洁旗下很多个曾经引领全球风潮的著名品牌，都因被年轻人视为"妈妈的品牌"而给人以不够新潮时尚的感觉。

宝洁所面对的年轻消费者，目前仍以90后为主，还不是更加令人费解的00后。随着00后在社会舞台上全面登场，宝洁要如何应对？

宝洁只是一个个例，却也是一个时代的缩影。曾经的风云企业，如果不能与时俱进，与消费者保持同步，就必将被时代淘汰。那么，你的公司及品牌又将如何？

我们这本书，是面向未来写作的，而00后就代表着近在眼前的未来！

00后已经表现出了坚持个性、很有主见、不受约束、爱玩会玩的集体性性格特征，再加上他们在运用互联网权力上的驾轻就熟，我们必须顺应这一重大的时代特性而加以改变。

事实上，00后不仅仅代表他们自己，也开始影响到他们的父辈——70后或80后。

正如美国人类学家玛格丽特·米德在《文化与承诺——一项有关代沟的研究》一书中提出的观点，在现代通信、交通和技术革命迅猛发展的情景下，人类正在从前喻时代进入后喻时代。

所谓前喻，就是长辈的经验是后辈的学习方向，因为世界处于确定性之中，变化不大，长辈的经验始终有效。而后喻则正好相反，长辈只有虚心向后辈学习，学习年轻人新颖的知识，才能建立一个有生命力的未来。

米德认为，后喻文化将成为当代世界独特的文化传递方式。

现实已经印证了米德的观点。综合来看，在后喻效应的影响下，顾客整体上正在"00后化"，00后在消费上追求个性化、好玩、刺激的这些偏好，正在成为大多数主流人群的共同偏好，从而导致消费者整体意义上的"00后化"。这也是我们如此重视00后，并对他们展开深入研究的本质原因。

消费者的颠覆性变化

消费者的"00后化"还伴随着另外一个颠覆性变化。

在《玩具思维》一书中，曾经论及玩具思维之所以会成为新的主流趋势的四大驱动力，其中之一就是"顾客掌权"，也就是消费者掌握了足以决定企业生死存亡的话语权。

我们来仔细看看，消费者是如何运用手中的权力与企业互动的。

2015年7月，作家六六在某电商网站上购买了一箱山竹，花了200多元，收货后发现大部分都变质了。这些山竹是该网站上的第三方卖家销售的，六六在与卖家的客服反复沟通后，得到的结果是不予退货。于是，六六转而在

第一章
玩娱授权的趋向

微博上公开了这件事,评论道:"图片拍得像广告画一样美,到家一看像扔垃圾堆的货一样烂!"

结果,不到五分钟,销售山竹的卖家就致电说可以全额退款;半小时后,电商客服也打来了电话。但六六更加愤怒了,在微博上继续发布说:"我微博一说立刻就要退款给我,你们是糊弄欺负老百姓的吗?钱我不要了,放在微博上当花钱买教训!……"

为什么六六一在微博上发声,商家就立即改变了态度呢?

这就是互联网社交媒体赋予了个体用户的巨大力量。六六在微博上拥有1180多万名粉丝。有句形容一个人影响力的话叫作"一呼百应",像六六这样拥有1000多万名粉丝的大V的影响力已经超越了一呼百应,而是"一呼千万应"。这种巨大的影响力是任何一个商家不得不予以重视的。

在前互联网时代,一个普通人仅靠自己的力量最多只能影响身边的人,有100个人响应自己就很不容易了,但互联网却可以让一个普通人在瞬息之间影响到千百万人。

也许有人会说,像六六这样的知名大V,粉丝量巨大,她发一条微博确实能够解决问题。但如果是粉丝量很少的人,在和商家博弈的时候,是不是就没有办法了呢?

事实上,互联网给予普通人的是一种链接所有人的可能性。即便是一个粉丝不多的普通人,也可以通过和粉丝量巨大的大V链接,间接获得巨大的影响力。

比如,2018年3月13日,在国际消费者权益日前夕,六六再一次在微博上炮轰某电商。这一次,她不是为了自己维权,而是帮一个朋友向该电商施压。

六六在微博上表示,她的一位朋友在该电商全球购平台上买了美国Comfort U 护腰枕,标价是人民币1489元,美国官网的售价是109.95美元。但商家实际发货的是一个标识为Contour U 的护腰枕,美国官网的售价仅为33.6美元。

Comfort U 和 Contour U 是两个完全不同的品牌，价格不在同一档次。但从英文单词来看，比较容易混淆。很有可能的是，Contour U 采取的是一种"傍名牌"的命名法，然后以低价售卖。

六六的这位朋友自己与商家交涉无果后，求助于六六。这种方式让普通的消费者也可能拥有足以与强大的商家对峙的能量。普通消费者哪怕不认识大V，也可以通过社交媒体和大V直接关联而间接获得影响力。这正是互联网帮助"用户掌权"的伟大之处。

据中商产业研究院的研究，截至 2017 年 12 月，新浪微博的日活跃用户为 1.72 亿，微博已经成为消费者维权重要渠道。

2018 年 3 月 15 日，在国际消费者权益日当天，新浪微博专门设置了"黑猫投诉"平台，直接为消费者投诉商家的不规范行为提供服务。

中商产业研究院还公布了消费者成功维权的五个步骤。

首先，消费者通过发微博或者创设话题进行曝光，随后引发粉丝和媒体围观，接着大V跟进引爆舆论，随后官方介入、企业回应，最后事件平息，消费者实现成功维权，如图 1-5 所示。

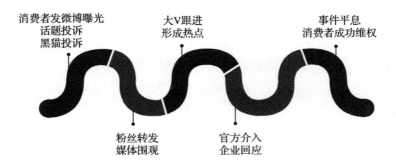

图 1-5　消费者成功维权的五个步骤

互联网在为普通消费者赋予话语权的同时，也让一些人从中看到了"以权谋利"的机会，有的组织或团体，开始有意识地组建"水军"，操纵评论，从而达到虚假造势、蒙骗普通消费者、打压竞争对手的目的，并从中渔利。这是一部分因利欲熏心而异变的特殊人群，甚至形成了灰色产业链，给企业

第一章
玩娱授权的趋向

和商家造成了极大的损失。

此外，随着互联网的不断下沉，网民群体的成分越来越复杂，网络暴力现象随之出现。很多网民在真相未明之前就开始大肆发表言辞激烈的言论，煽动负面情绪，这很有可能对商家造成毁灭性打击。

比如，2018年10月底，一家叫作"福田水饺"的餐饮店在中国台湾高雄市开业。店内的餐点价格非常便宜，水饺仅2角钱1颗（新台币1元，每碗20颗），肉燥干面一碗只卖4元钱（新台币20元），如果是家境清寒的老人家进店消费，还可以再享受5折优惠。

老板表示，他幼年穷苦，后来白手起家，事业有成后决定回馈社会，他表示："其实餐厅一开始的宗旨，就是以赔钱为主，从没想过要赚钱！"

一位96岁高龄、靠捡垃圾回收为生的老奶奶经常到"福田水饺"用餐。老奶奶的先生和4名子女都已离世，她一个人靠捡破烂、卖菜养大两个孙子。老板说："为了表达对婆婆的尊重，我们不用施舍的方式帮助她，而是让她花5元钱就能得到温饱，我相信她也感到很幸福。"

这本来是一件好事，没想到媒体报道后，老奶奶的儿媳妇却出来说话，称那天婆婆被叫去吃水饺，事后却被媒体大肆报道，被网友大骂一通之后，说再也不去吃了。

网友们认为"福田水饺"故意炒作新闻，老板澄清说，是媒体要求找婆婆到店里吃水饺并接受采访的，新闻的内容都是婆婆亲自口述，自己从头到尾都没有参与。但这样的解释还是无法堵住悠悠众口。

老板无奈之下，只好宣布福田水饺停业。

网络舆论的力量竟然可以迫使一家良心店家关门，这也从相反的一个侧面印证了消费者确实掌握了可以决定企业生存状态的权力。

由上可知，消费者运用互联网权力对企业或商家进行制衡已经成为商业界的常态。企业或商家如果还用惯性思维，忽视这种经由互联网聚集起来的消费者力量，必将付出极大的代价。

消费者的"00后化"意味着他们对产品有着独特的个性要求（即符合玩

具思维的要求），而消费者掌权则意味着他们随时可以将不符合他们要求的企业打入"冷宫"。这两大因素的叠加，直接推动了营销方向的转变。

营销 4P 的演变

我们都知道，传统的营销 4P 是 Product（产品）、Price（价格）、Place（渠道）、Promotion（促销）。

一位叫作施瑞亚斯·纳瓦尔（Shreyas Navare）的漫画家戏谑地说，营销 4P 应该改为 Please（取悦）、Please（取悦）、Please（取悦）、Please（取悦）。

纳瓦尔以艺术家的直觉无意中说出了当下这个时代的真相——营销的每一个 P 都应该为取悦顾客服务！

这种大趋势式的变化，对于习惯了传统运营模式的公司，简直就是一种毁灭性的打击，原来的产品优势、渠道优势、价格优势、推广优势迅速贬值，风光不再。

为了取悦顾客，让消费者体验到开心的感觉，产品、价格、渠道和促销都要做出重大的变革。

所以，引领市场风向的产品从工具性产品变成了玩具性产品。这些产品不仅为消费者提供功能性的满足，还具备时尚、酷炫、好玩的娱乐性，致力于让消费者在接触、购买和使用产品时获得快乐。

在这样的大环境下，企业和商家必须要大力调整自己的产品或服务。但是，要达到这一目的，就必须拥有一大批具有玩家意识的员工，具有创意、自动自发地为消费者提供符合玩具思维的产品或服务，为他们创造愉悦感。

美国亚马逊公司的创始人杰夫·贝索斯（Jeff Bezos）曾经说："人们总是问我，未来十年、二十年会出现什么样的变化，但从来没有人问我未来十年、二十年有什么是不变的。"

贝索斯的回答是，顾客想要以更便宜的价格、更快的送货速度拥有商品，

第一章
玩娱授权的趋向

这是永远也不会改变的。

这既是一个常识,更是一个洞察。

在贝索斯的基础上,我们可以进一步得知,顾客想要感觉更好的购物体验,这是永远也不会改变的。而且,他们的要求只会越来越高,而且永无止境。

令人感觉更好的购物体验,包括更便宜的价格,更快的送货速度,但绝不仅限于此。如果用一句来概况,那就是:

顾客不但想要购买商品,而且想要通过购买商品获得快乐。

这也是营销4P演变为4个Please的本质内涵:

让顾客感到愉悦,就是当下及未来一切营销的终极导向。

那么,什么样的员工才足以取悦顾客呢?

"别人家"的员工

我们来看几个例子。

《五星级服务》这本书描述了这样一个场景。

假设你是连锁酒店的经理。在旗下一家酒店,一位维修工程师正在更换大堂天花板上的灯泡。他眼角的余光看到一位女士和她的两个儿子正在从泳池那边走过来,裹着毛巾,身上还在滴水。这位女士手上拎着好多袋子。她手忙脚乱地开大堂的门,看上去很懊恼的样子。

站在梯子上的工程师觉察到了她的窘境,于是放下手中的工具,走下梯子,穿过大堂,面带微笑地为这位女士开门。

"欢迎回到酒店,夫人,"他说:"我来帮您拎袋子吧。你觉得我们的泳池怎么样?两个小家伙玩得开心吗?您要去几层?"他按下楼层键,走出电梯,

玩娱授权
从授权管理到授信管理

然后回到他的梯子上。

当高管与经理们听到这个故事的时候,他们普遍的反应是:要是我的员工能达到这种服务水平,我就太激动了!

如果我们努力去搜寻,还能在其他的公司找到一些这种让领导激动,让客户感动的员工。

纽约四季酒店的一位门童,发现一位客人在乘坐出租车离店后,把手提箱落在了路边。这位门童捡起手提箱后,打开一看,在里面找到了这位客人所在公司的电话号码。他马上打这个电话,找到了这位客人的秘书,把事情告诉了秘书。

这位秘书焦急地说:"这下麻烦了!他正在赶去波士顿参加一个非常重要的紧急会议,而且他肯定会用到手提箱里面的重要文件。"

门童一听,直接就问秘书要了这位客人从纽约飞往波士顿的航班号,然后告诉秘书,他会在飞机起飞之前把手提箱送到客人手中。

打完电话,门童马上找了个同事帮他代班,然后跳上一辆出租车,火速赶往机场。但不巧的是,在半路上遇到了交通拥堵,耽误了不少时间。等到门童赶到机场的时候,这位客人的飞机已经飞走了。

门童再次给客人的秘书打电话,把情况告诉了他。秘书对此表示遗憾,同时也对门童表示感谢。按说,门童做到这一步就已经非常好了,但是秘书绝没有想到,门童竟然告诉他不用担心,他已经订好了下一班飞往波士顿的航班,他将会在会议召开之前把手提箱交给客人。

就这样,这位门童没有经过任何人许可,就在上班时间飞到了波士顿,然后赶到会场,在会议开始之前把手提箱交给了客人。

如果这位门童是你的员工,你会怎么看待他的这一行为?

估计在很多公司,这位门童早就被开除了。是啊,谁给他那么大的权力,可以擅自离开工作岗位,飞到千里之外的另一个城市的?毕竟,作为酒店的门

第一章
玩娱授权的趋向

童,他的工作职责是迎来送往。他只要捡回顾客忘在路边的手提箱,然后交给服务台就算是尽到责任了。任何一位客人都没法挑他的不是,挑酒店的不是。

但是,我们再从客人的角度来思考一下。

如果你是这位客人,你对四季酒店的这位门童会是什么样的感受呢?你对四季酒店又会有什么样的看法呢?

很显然,这位门童所做的远远超过了客人的预期,客人必然是超级感动,然后对四季酒店和这位门童念念不忘。

这不正是我们孜孜追求的让顾客愉悦吗?

一位美国女司机开车行驶到明尼苏达州偏远小镇罗切斯特的时候,突然生病了。她把车停在了梅奥诊所的门口,匆匆走进了这家医院的急诊室。

女司机希望医院能够速战速决地解决她的问题。但是医生检查之后,强烈建议这位女司机马上住院治疗。女司机马上拒绝了。

医生问她拒绝的原因,女司机说她不放心停在医院门口的车,另外还有一条小狗被锁在了驾驶室里。

急诊部的一位护士得知这一情况后,立即主动提出去帮忙停好车以及照顾好小狗。那位护士走到医院门口一看就傻眼了,原来这位女司机开的并不是普通的小轿车,而是一辆载货几十吨的重型卡车,拖着一辆16米长的大拖车!

但这位护士并没有知难而退,她想起自己有一位同事拥有驾驶重型卡车的驾驶证,于是马上联系了这位同事,然后在征得警察的同意后,将这辆大货车安全地停到了停车场里。这位护士自己则精心地为女病人照料小狗。

护士为病人挪车、照顾小狗,听起来是不是很不务正业?

显然,这并不是护士这个岗位所规定的工作职责。如果你是一家医院的领导,你会容忍你的员工放下本职工作去做这样的工作吗?你会不会处罚这样的员工?

但是,如果我们从病人的角度来思考,她会对这位护士怎么看?她会对这家医院怎么看?

很显然，这位护士的做法远远超过了这位女司机（女病人）的预期，她必然是深为感动，然后对这家医院和这位护士感激涕零。

这不正是我们孜孜追求的让顾客愉悦吗？

有两位游客在迪斯尼乐园游玩的时候，其中一位游客无意中说起房间里有"滴答滴答"的滴水声，可能是水龙头漏水了，但是他匆匆出门，还没来得及向酒店报修。当时，他们正好坐在一辆游览车上，司机听到了，马上对他说："先生，请把您的房间号告诉我，这件事我来替您留意。"

这位游客把房间号告诉了司机，但并没有特别在意，因为这确实也不是一个开游览车的司机的工作内容。

这两位游客晚上 10 点在外面吃完饭后回到酒店时发现，烦人的滴答声已经听不见了，水龙头已经修好了。

而更令他们惊讶的是，那位游览车司机在下班之后特意赶过来确认问题有没有得到解决。

这两位游客大为感动。他们并没有真正期望司机能够帮他们解决这个问题。但司机真的这么做了，完全超出了两位游客的期望。

这不正是我们孜孜追求的让顾客愉悦吗？

但是，像这样的案例并不多见。在绝大多数组织中，组织氛围与员工的行动活力完全不是这样的。

一组惊人的数据

我们来看一组惊人的数据。

人力资源咨询公司韬睿惠悦（Towers Watson）2012 年对全球 29 个国家的 32 000 名企业员工的敬业程度做了一项调查。结果发现，只有约三分之一（35%）的人专注投入工作，更多的人属于"淡漠"或"游离"状态

（43%），其余22%的人则感到"不被支持"。

上述调查并非仅此一例，此类测评已经进行连续多年，结果大同小异，甚至某些年份比上述数据更糟糕。

盖洛普（Gallup）公司的一项调查显示，约80%的员工认为自己在工作中无法发挥出最佳状态，70%的员工不能全身心地投入工作。此外，还有17%的员工会主动脱离工作，他们对自己每天所做的事情感到厌恶。

我相信，当公司老板看到这些数据的时候，一定是五味杂陈、心情复杂。如果公司花大价钱雇佣来的员工，都是以这样的状态来开展工作、生产产品或服务客户，公司怎么可能生存下去呢？至于盈利，就更是无从谈起了。

问题是，正如前述，在玩具思维兴起、玩家意识觉醒的商业大时代里，消费者拥有了前所未有的巨大权力，这对企业及其产品或服务提出了极高的要求，整个商业世界和市场环境的生态样貌已经发生了天翻地覆的变化，企业面临着前所未有的挑战。

一个企业，仅仅依靠旧有的管理模式、组织结构和文化氛围是没法赢得这种挑战的。同时，企业对于员工的素质、能力和工作意愿必然也要提出更高的要求。但是环顾现实，哪怕是一些人们心目中的好公司，也存在着种种的问题。

我们不妨来看几个经典案例。

新东方"吐槽"大会

一般的公司开年会，基本的基调是歌舞升平，各部门派员工表演几个节目自娱自乐，再来一个抽奖发红包的环节，也就达到"你好我好，大家都好"的融洽氛围了。但是，新东方教育集团北京校区于2019年年初举行的年会，却生生地变成了一场"吐槽大会"。

六名新东方员工表演了一个载歌载舞的节目。这个节目套用《沙漠骆驼》

玩娱授权
从授权管理到授信管理

这首歌的曲调,换了一个歌名叫"释放自我",并改写了全部的歌词,其内容淋漓尽致地揭露了新东方集团里存在的各种问题,言辞十分犀利:

工作里怪事真多
奇葩围绕着我
今天必须吐槽一曲释放自我
只想应付考核
不想踏实干活
出现问题只会互相甩锅
一个续班十个入口
用户不知该往哪走
哪里交钱才能报名成功
家长报名五个科目
有五个助教跟着
信息收集五遍家长要炸锅
什么独立人格
什么诚信负责
只会为老板的朋友圈高歌
领导随口一说
立刻讨好跟着
项目马上启动不计后果
找个学校试点
旅游城市优先
度假都不用再自己花钱
细数这么多年
从不来总部这边
难道是嫌北京学校太远
干活的累死累活
有成果那又如何

第一章
玩娱授权的趋向

到头来干不过写 PPT 的

要问他成绩如何

他从来都不直说

掏出 PPT 一顿胡扯

小程序做了几个

就连 App 也没放过

做完就完了也不关心结果

您混完资历走了

只剩下脏乱差了

转场同业机构职位升了

什么节操品格

什么职业道德

只会为人民币疯狂的高歌

烂摊子从没管过

吹牛从没停过

之前的 PPT 继续白活

一线工作从没去过

客服电话从没停过

借用户和员工的名义去胡说

重复的都抢着做

创新的没有几个

美其名曰"延续性"是怕担责

一个简单问题需要答案

董事长问总裁，总裁问校长

校长问总监，而总监问经理

经理问主管，主管问专员

专员还要问兼职

什么全球视野

玩娱授权
从授权管理到授信管理

什么志高行远

说好的三年规划每年都在变

业绩好功劳在你

业绩差不能怪你

或许是职能部门不够给力

……

仔细体味上述犀利的吐槽，可以发现，这里面涉及的问题，几乎涵盖了典型组织病的各种症状：

只想应付考核，不想踏实干活——这说明公司是以内部考核为导向，而不是以用户需求为导向的。

出现问题只会互相甩锅——员工只求自保，不敢承担责任。

一个续班十个入口，用户不知该往哪走；五个科目有五个助教跟着，信息收集五遍家长要炸锅——只关注部门利益，严重忽视用户体验。

领导随口一说，立刻讨好跟着，项目马上启动不计后果——取悦老板，罔顾市场。

找个学校试点，旅游城市优先，度假都不用再自己花钱——假公济私，以工作之名行度假之实，占公家便宜。

干活的累死累活，到头来干不过写 PPT 的——内部考核严重不公平。

重复的都抢着做，创新的没有几个，美其名曰"延续性"是怕担责——因循守旧，逃避创新。

一个简单问题需要答案，董事长问总裁，总裁问校长，校长问总监，而总监问经理，经理问主管，主管问专员，专员还要问兼职——官僚主义盛行，组织效率低下。

……

看到这么多问题，会让人觉得这家公司简直糟透了。但事实上，新东方集团作为教育行业的标杆企业，曾经是很多企业的学习榜样，现在却爆出这么多危害极其严重的问题，不免让人目瞪口呆。

第一章
玩娱授权的趋向

内部的管理问题自然不可避免地会影响到公司在市场上的表现。

就在这次"吐槽大会"之前的1月22日,新东方集团发布的最新季度财报显示,上一季度净亏损额约为2600万美元,而去年同期净利润约为400万美元。这是新东方集团上市以来最大的季度亏损。

造成亏损的原因很多,有政策因素,有扩张因素,还有研发投入因素。但和内部出现的这些组织病显然也脱不了干系。

很多洞悉职场政治的人会从另一个角度发问,这几名员工为什么敢在年会上公开"叫板"这些不良现象呢?难道不怕被开除吗?

当然,也有人会认为,这肯定是新东方创始人俞敏洪暗中授意的。如果这个说法是靠谱的,那么说明俞敏洪对于新东方内部的组织状况已经十分不满了。不过,俞敏洪在微博上表示,自己事先并不知情。而据一位新东方的管理层人士表示,俞敏洪针对内部管理上的一些问题,之前已经接连写了五封内部邮件给高层管理人员,《释放自我》的歌词显然借鉴了邮件中的核心观点。

"吐槽大会"之后,俞敏洪公开表扬了参与节目的相关人员,并给出了12万元的重奖。事实上,俞敏洪此前的五封内部邮件表明,他早已知晓公司内部的问题,并且他已经透露了下一步将要采取的应对措施。

俞敏洪在邮件中给出了两个主要措施,第一个是让产品、流程、组织架构标准化。

我们的产品没有标准化;我们全国各地的学校在优惠政策、薪酬计算、产品定价上也各行其是,而且都有各自非常充分的理由;而且我们各学校的组织结构设计也是五花八门,有区域制的、有事业部制的,有职能部门集中的,有职能部门分散的,部门名称甚至都不统一,存在各种叫法。全世界可能找不出像新东方这样一个机构,本来业务和运营需要高度标准化,却搞得如此花样百出。

第二个应对措施是裁减不胜任的员工:

玩娱授权
从授权管理到授信管理

关于放弃平庸的员工。我们首先要放弃的，是平庸的管理者。兵熊熊一个，将熊熊一窝。我们的管理者，从中层到高层，有些人已经变成了没有创新、没有眼光、拉帮结派、懒政怠政的人物，不思进取，没有危机感。

现在公司许多管理者不愿承担责任，整日协调推诿，又或是不思业务精进，只是机械性地执行上级指示。怠政、懒政、乱政，导致管理者战斗力的整体下降，管理者战斗力的下降又限制了员工战斗力的发展。所以我们首先要整顿的是管理者，凡是6级及以上的管理者都要整顿一遍，让平庸的、捣乱的、只会奉承拍马、不会干活的人先离开一批。

推行标准化以及裁减不胜任员工，这两个看起来力度很大的措施能不能让新东方重归正途呢？

推行产品、流程、组织架构的标准化，本质是集权，把权力集中在制度上，削弱组织金字塔中部和底部的灵活性。那么，问题来了，标准是谁定的呢？如果是金字塔顶端或者俞敏洪本人定的，谁来确保标准的正确性呢？金字塔顶端或者俞敏洪本人的意见或好恶，能契合消费者的多元化需求吗？

裁减不胜任员工，特别是管理层的员工，确实可以起到杀鸡儆猴或者杀猴儆鸡的效果，在一段时间内可以让留下来的员工因恐惧而谨小慎微。但这样就真的能让组织重新焕发活力和充满正能量吗？

这个问题的背后，其实还隐藏着另一个更趋于本质的问题：

这些员工为什么会沦落到只讲享受，不讲奉献，严重丧失责任感和战斗力？

他们肯定不是一进入公司就是这个样子的，否则，他们一开始就不可能被录用。那么，到底是什么因素导致了他们在组织中的异化呢？仅仅把他们裁减了，而组织内把他们制造出来的机制或因素却没有被消除，那是不是还会继续制造出新一批不胜任的员工呢？

第一章
玩娱授权的趋向

阿里巴巴与四个"月饼大盗"

我们再来看另一个案例。

2016年9月12日（中秋节前三天）下午2点，阿里巴巴在内网上推出了一波抢月饼的活动。

根据阿里巴巴的内部规定，每年每位员工都可免费领取1盒月饼，如果需要额外加买，就得提前一个月预定。但是，总有一些员工会错过预定，所以阿里巴巴会把少量富余出来的月饼放在内网上供员工秒杀抢购。

结果，谁也没想到，这一公司内部福利竟然引出了阿里巴巴安全部的四个"月饼大盗"！

以下就是其中一位"月饼大盗"发表于知乎网站的"自白"。

14:00 听说开始秒杀月饼了，中秋想去一个亲戚家，公司发的月饼送人了，于是想"秒"一个。

刚开始用手点发现打开就没了。看了下有人用程序刷，于是我和旁边同事说，我也得写个脚本了，要不然抢不到了，于是写了一段 js（即 Java Script 代码），大概就是如果按钮变成了秒杀就狂点（和 12306 抢票插件类似），然后处理一下验证码，写了个定时器，抢 16:00 的那一批。

由于之前没进入过付款页面，以为和正常的秒杀页面一样，抢到了就会跳转到支付，所以完全没放在心上就去工作了。结果到 16:00 一看傻眼了，那个秒杀页面可以一直点然后不跳转！我看了下，一共是抢了 16 盒（都没付款），然后赶紧给行政打电话说要退，这个我周围的同事都可以作证。

后来的事情我也是猝不及防，16:30 约谈，17:30 解约合同就备好了，18:00 走人，走之前还特意问了下需不需要交接工作，但大家都不关心，走的事情比较重要。

好吧，这是我经历过最快的离职，也是可以排进搞笑榜了。

玩娱授权
从授权管理到授信管理

抢了几个月饼就在两个小时内被火速开除！这不啻是一场飞来横祸，让这位程序员目瞪口呆。

和这位程序员一起被开除的还有另外三名同样用技术手段抢月饼的程序员，他们几个人一共秒杀了 124 盒月饼。

阿里巴巴官方明确给出了开除理由——"违背了公司价值观"。

秒杀虽然没有干扰阿里外部平台的业务秩序，但是造成了福利分配的不公正。客观上，有获利的意图和事实。

对外，我们反击"黄牛"；对内，我们不能自己成为技术"黄牛"。武器没有对错，关键在于使用它的人，阿里安全的攻防技术要用来对付"黑灰产"。

利用技术手段在公司内部抢月饼就被开除，到底合不合情理呢？事件发生后，网络上各种观点频出，对于这起抢月饼事件给予了极大的关注。赞同者有之，反对者亦有之。

某知乎网友：如果我恰好要买月饼，发现被同一个人利用自己写的程序"秒"光了，我会觉得非常不公平。

某知乎网友：他们用脚本模拟了人工抢单的过程，实现了全自动，这是充分发挥技术优势的合法行为。他们没有浪费时间去守着系统傻乎乎地抢什么单，而是把节约的时间都用到了工作上，为公司创造着价值。

阿里前员工、某知乎大 V：阿里有点过了，什么问题都能上升到价值观问题。

某微博网友：阿里本身对"刷单"这样的行为挺敏感的，加上刷单的还是安全部门，阿里觉得不能忍，其实也不算严厉。不管这位同事是有意的还是无意的，想法本身就有问题，而且还真做了。

某微信网友：利用个人优势无视规则，设计和破坏其他部门工作，加上这 4 人亮点不多，连调教的精力都不想花了。

某阿里老员工：公司所谓文化体系的固化和加强，和 HRG（人力资源专

第一章
玩娱授权的趋向

员）制度的深入，其结果就是，上层越来越官僚……下层越来越难过。

上述各种观点的争鸣，意味着阿里采取极为严厉的管理措施开除这几名用技术手段抢月饼的员工，并没有得到大众一致性的认可。

程序员确实犯错了，但是不是就必须得用如此极端的方式来处理呢？这样的处理方式是不是真的能够牢牢维护阿里巴巴的价值观呢？有没有更好的处理方式，既维护了公司的价值观，又让犯错的员工拥有改过自新的机会呢？

这都是值得深思的问题。

我们再来看看被开除的当事人之一的内心感受。

这位当事人在被开除前，其实刚刚从北京来到杭州的阿里巴巴。他"最害怕就是工作上出什么事情，担心事情做得不够好，KPI上不去。恰逢那个时候刚刚在杭州买了房，每个月还房贷的压力也是很大的"。

"本来想在阿里好好干几年技术，因为阿里那边的基础设施都已经成熟了，可以专注某个方向的研究。这件事的发生打乱了我之前的职业规划。当时为了让自己尽快走出来，我不得不逼自己忙起来，不停地折腾技术，或者看书。但是那个时候完全不能集中注意力，心里还是过不去这个坎。"

可见，这件事情对于当事人的伤害还是挺大的。他并没有故意要去违背公司的价值观，也没有对公司隐瞒真相。如果公司的人事部门不是那么僵化地处理，而是能够更为柔性地处理这件事，也许他就不会感到委屈了。

后来，这位当事人在一家小的互联网公司找到了工作，对比之前在阿里巴巴的工作，他说："大公司的约束太多，给员工太多的预设，很多岗位也都是按部就班的状态。选择小公司是希望能有一个更自由，能够一起成长的环境。"

这段话其实含蓄地给出了他对阿里巴巴的感觉——约束太多，按部就班。对于一家走在时代前列的互联网公司来说，这并不是什么好评价。这样的一种组织状态，能不能实现创始人马云所说的做102年的企业呢？

再从另一个角度来说，阿里巴巴为了维护价值观而采取了如此严厉的管理措施，是不是就能完全杜绝违背价值观的事情发生呢？

中国电子商务研究中心发布的《互联网公司涉腐反腐案件榜单》显示，

据不完全统计，自 2010 年至 2018 年 5 月，互联网行业反腐事件共计 29 起，其中京东 8 起，阿里巴巴与百度均为 6 起，腾讯 3 起，360 公司 2 起，易果生鲜、去哪儿网、乐视、合一集团各 1 起。

2013 年 7 月 5 日，阿里巴巴发布公告称，经杭州警方确认，原"聚划算"总经理阎利珉因涉嫌"非国家工作人员受贿罪"，已被刑事拘留。18 日，杭州市西湖区人民法院刑事判决书显示，阎利珉作为淘宝"聚划算"的负责人、总经理期间，利用职务之便，非法收受万某 2 辆车，共计 53 万余元。在接受贿赂后，阎利珉指定万某担任总经理的杭州点创公司为聚划算 D2C 项目服装类目的唯一合作运营商。此前，并不在聚划算运营商名单上的点创自 2011 年五六月开始运行此项业务，该年销售额高达 2000 多万元。

阎利珉事件发生后，阿里巴巴集团在一份公告中表示，"1－6 月份，集团廉正部、集团内审合规部共查处违规员工 28 人，移送司法机关 7 名员工和 3 名外包人员。随着对腐败行为持续不断的打击，部分'小二'（淘宝员工）以及外部店家之间涉嫌不正当利益输送的空间受到显著遏制。"

和违规抢月饼相比，上述违法受贿腐败案件显然更加触目惊心。阿里巴巴自始至终采取高压手段来维护企业文化及价值观，但显然并不能完全杜绝个人私利对公司利益的侵蚀。

严格管理本质上便是集权，是利用组织内部（有时候也会运用外部的）强制手段来要求员工遵章守纪，不越雷池。但从上述事例来看，严格管理，在当下的组织生态中，似乎也不那么有效，并不能让员工完全地按照公司的要求去恪尽职守。

那么，除了继续加码，采取更严格的管理之外，公司及管理者还能做什么？还应该做什么？

华为难续博士情缘

比阿里巴巴管理风格更为严格的是华为公司。

第一章
玩娱授权的趋向

华为初创时就以狼性精神著称，其创始人任正非的军人经历对他的管理思想影响至深。在他的带领下，华为以目标管理为导向，将全体员工打造成为一支攻无不克的铁军，在全球范围内赢得了巨大的成功与声誉。

严格管理相当于大棒，华为同时还配上了诱人的胡萝卜。功成名就的华为没有亏待员工。加入华为，员工可以得到丰厚的工资、奖金、股权红利等收入。华为采用全员持股的经营模式，在 10 多万名员工里，有超过半数的员工都持有公司的股份。华为在校园招聘的时候，直接就说："我们不是来招聘员工，我们是来寻找合伙人。"难怪成千上万的人挤破脑袋都想加入华为。

那么，管理严格加收入丰厚，胡萝卜加大棒，一样不缺，是不是就能让加入华为的员工踏踏实实、全心全意地投入工作了呢？

2019 年 2 月 14 日，华为心声社区官网上发布了一份由任正非签发的内部邮件，其内容是反思华为为什么留不住拥有博士学历的员工？

这封邮件的背后是华为咨询委员会、人力资源秘书处、人力资源部人才管理部组织的一项联合独立调研，他们选取"2012 实验室"2018 年离职的 82 名博士员工、"2012 实验室"和研发体系从事研究工作的 104 名在职博士员工、制造部 11 名在职博士员工，进行了一对一的深度访谈调研和数据分析。

这项调研缘起于华为心声社区上的一个帖子：

华为的土壤是否适合高精尖的博士的生存？

其实，每年公司都投入大量的专职人员搞博士招聘，但是高精尖的博士入职进来的很少（待遇、口碑、岗位等因素），进来的博士留下来的也很少，留下来的博士是不是真的得到了发挥的空间、岗位和机会？

以我个人遇到的情况来看，我招的 3 个博士，进来一年后有两个离职了，一个就在研发部门干普通的开发和测试工作，很难形成独特优势。

上述调查表明，华为拥有博士学历的员工近 5 年的累计平均离职率为 21.8%。入职时间越长，累计离职率越高。2014 年入职的博士经过 4 年，只有 57% 留在了公司。

玩娱授权
从授权管理到授信管理

华为已经是国内数一数二的标杆公司了，甚至在国际上也有良好的声誉。这些博士能够找到华为的工作，应该是比较理想的选择了。而且，这些博士大多是华为重点引进的，待遇上自然丰厚。但是，为什么这些当初挤破头也要加入华为的博士们不愿意继续留在华为呢？

他们到底是怎么想的呢？

从调查的反馈来看，第一个主要原因是专业不对口，不能发挥自身的特长，不利于自身的成长。

"原先说是硬件岗位的，来了却安排做算法。"

"我研究的专业方向是图像及深度学习，入职后从事偏硬件和落地的岗位。"

"学图像的博士转去做知识图谱，完全要重头学起。"

"我的方向是偏算法和基础研究的，进去之后做的工作偏维护和运维。"

"激光雷达是我的核心专业，来华为太偏数字集成，当前岗位只用了我硕士学习的东西。当前岗位再做下去，相当于我几年博士都白读了。"

"我是安全方向的，新部门和安全一点关系都没有。"

"我之前是做芯片设计的，进去后安排我做后仿、媒体仿真，完全将自己当成白丁开始做。"

"我想分到一个和学校研究相似的架构组继续做，结果分到了另外一种架构，不太熟，失去了竞争优势。"

"华为分得太细，而且存在'部门墙'，部门领域就是这块业务，非自己部门的不能去涉猎。博士想要在自己所在的领域发挥，在华为挺受约束的，一直在找，2年也没找着。"

虽然华为内部有转岗制度，但真的实施起来困难重重、阻碍重重。

"在华为，申请转部门不是一件容易的事，一提就会给领导留下不好的印象，后面会影响绩效。"

第一章
玩娱授权的趋向

"转部门很难,如果转不成,新的部门没去成,在原部门就会进入资源池,风险太大,还不如离职了。"

"入职不满 1 年,不符合内部人才市场的条件。"

"我和领导提了,领导不想解决这个问题,说是技术负责人,不愿意放我走。"

"2012 实验室内部是不能转的,据说有政策限制。但离职沟通时,HR 又说没有这样的政策。"

"部门主管明确和我说了,要么离职,要么留在这儿。"

可见,制度是一回事,执行又是另一回事。关键还是在人。

第二个主要原因是和企业内部的氛围和风气直接相关。

"事少人多,一件事好几拨人在做就会产生内耗(当前有 5 拨人在做同一件事),而且当前内耗很严重,不能为了招博士而招博士,不能因为不差钱就拼命扩招。"

"内部导向风气不太喜欢,基本上领导说了一句话,大家一窝蜂地都说对。如果是用户导向或技术导向也行,但如果根据某个人的意志行事,我觉得不合适。我离职的时候,私下交流,大家也都这样认为,部长的想法,我们不计代价去执行,从下到上基本都这样。"

"领导也不懂技术方向,感觉就是瞎指挥,他以前做得比较杂,从固网过来的。我们开拓一些新方向、新领域,他可能还是追求老一套的观念,技术上也不愿意去了解太多,又要去指挥。"

"因为要做岗位轮换,部分中层领导在技术方向判断上不是很专业,导致他们的施政方针上前后有所不同。在项目的延续性和新项目的论证上,判断不专业,出现外行领导内行,对项目基本是'一拍脑袋',很多时候是无法实现的。为了所谓进度要求,提出一个不切实际的要求,会加大项目难度,让下面疲于奔命。"

"红蓝军变成彩虹军,很多团队在干同一件事,大部分人在做无效的事,

玩娱授权
从授权管理到授信管理

资源浪费。领导判断一件事不是基于技术或客户价值判断，而是看上级的脸色，我所在的部门至少有一半的博士处于精神离职的状态，有了机会肯定会走。"

"（从华为离职后，现在）在 C 公司工作，以前在华为做平台，现在在交付线。（新公司）和华为不一样，做虚头巴脑的事情比较少，领导所有的决策是基于专家的技术判断。在华为没法接触到 3 级领导，但在这里，你交付的这个项目，交付得很有价值，你可以汇报到 VP，甚至一级部门总裁。华为是 3 级部门要看 2 级部门领导的脸色，不是基于价值判断，不是看市场到底有没有需求。"

"在 E 公司从事的工作和在华为一样，最核心是更自由一些，如果你觉得有问题，大家讨论后知会相关人员就可以改，改完后上线测试，整个运营效率会非常高，你会感觉一直在往前推动，没有将时间花费在无用的流程、文档、一堆问题单、一堆对齐会议上。一旦流程很高效，你整个工作状态就会不一样。"

"华为制度比较完整，什么事都按照流程来，调研 1 个月，立项 3 个月，选择技术路径 3 个月，开发 3 个月。给个人发挥的余地不是很大，每个人都是制度下的螺丝钉。制度非常好，做什么事都经过评审，但对个人也就限制了范围。B 公司偏自由，给你发挥的空间也更大，刚好是两个极端。"

看了上述这些真实度很高的负面评论，真的让我们不敢相信这是在说华为。如果不是华为的创始人任正非有着直面问题的巨大勇气，我们也许根本不可能了解到这些真相。

像华为这么优秀的企业，胡萝卜加大棒，都是顶级配置，应该说是把传统管理方法运用到极致了，但为什么还是会在组织管理上出现这么多的问题，还是没法留住博士呢？

我们是不是真的应该彻底反思一下传统的组织管理模式了？

第一章
玩娱授权的趋向

滴滴裁员"欢乐颂"

一般来说,被裁员显然不是什么好事情。那些不幸入选裁员名单的员工,往往会陷入心情的低谷,甚至做出一些无可挽回的行为。

比如,2017年年底的时候,一家位居世界500强的通信公司辞退了一位四十岁出头的研发主管。这位主管接受不了这突如其来的打击,选择了跳楼自杀,留下孤独年迈的父母,悲伤的妻子以及年仅2岁的女儿和9岁的儿子……

裁员一般发生在经济下行或者行业衰退期间,在这种时候,另找一份工作是比较困难的。一些悲观的人在这种情况下就容易心情抑郁、想不开,甚至走极端。

这起悲剧事件令人不胜唏嘘。但是,我们不能停留在表面,而应该探究这起悲剧到底在告诉我们什么。

这位曾经年轻有为的研发主管,为什么会将"被辞退"视为世界末日?为什么就这样轻易地失去了重新奋斗的勇气?他对未来的悲观看法,是完全由他个人的性格、思维所致,还是公司内部的氛围以及公司同事与他的互动也参与塑造了这一看法?公司的人力资源部门有没有可能在辞退员工的时候,给予他们思想上的疏通和情感上的支持呢?

再来看另一起同样引发了极大关注的裁员事件。

2019年年初,出行领域的大鳄滴滴出行也抵挡不住连续巨额亏损的压力,决定裁员。此时,滴滴已经拥有13000多名员工。据报道,滴滴此次裁员的比例高达15%,这就意味着有近2000名员工要失去工作。

滴滴的这次裁员,是在大环境不好,很多公司都开始裁员的大背景下进行的。按照常规的思维判断,滴滴公司内应该是哀鸿遍野了。但令人深感奇怪的是,人们看到的却是另外一幅完全不同的景象。

玩娱授权
从授权管理到授信管理

滴滴的这场裁员运动，竟然成了一场离职欢乐颂。在社交平台上，人们看到的是一些近乎奇葩的评论：

我顺利被裁，竟然裁出了幸福感。

我们组为了争裁员名额都快打起来了！

求问：怎样才能被裁？

请问，现在加入滴滴还能不能赶上 N+1？

到底是什么将"裁员苦情戏"变成了"离职欢乐颂"呢？

滴滴给出的补偿标准，是 N+1，即每工作一年，就可以获得一个月工资的补偿，然后额外再加一个月的工资。同时，滴滴还给被裁员的员工发放当月的工资并缴纳五险一金，以便为员工另行求职提供缓冲期。

滴滴的这种做法，和大多数裁员的公司相比，显得宽厚仁慈多了。有的员工，一下子拿到了十几万元的赔偿金，自然就欢天喜地地离职了。

但是，如果我们再深究一下，就会觉得事情其实没那么简单。

为了一笔丰厚的赔偿金，就要抢着被裁，这些员工的价值到底体现在哪里呢？如果他们继续留在公司，到底能够在多大程度上为公司做出贡献呢？这些员工为什么会抱有这种只图眼前利益的思维呢？他们是怎么变成这样的呢？公司在其中又发挥了什么样的影响呢？

滴滴迅速崛起，在极短的时间内从一家创业公司成为独角兽企业，快速招收了一万多名员工。公司的内部组织运营管理真的能够匹配上企业的飞速发展吗？

如果滴滴的员工只要有钱就满足了，那么，华为的博士收入丰厚，为什么也不满足呢？

现在的员工到底想要什么？员工到底是为什么而工作的？组织到底想要什么样的员工？组织到底希望员工做什么？组织应该怎样做，才能让员工心满意足，充满干劲地工作呢？

综合而言，传统的组织管理模式及运行结构由此也面临着前所未有的挑战。这一挑战并非通常意义上的挑战，而是事关组织生死存亡的重大挑战。

第一章
玩娱授权的趋向

很多实力超群、声名显赫的大公司已经轰然倒地，但却不知道自己为什么会失败。更多的企业正处于痛苦的煎熬之中，并试图用曾经管用的老办法来应对全新的挑战，但却不知道自己手上的旧船票已经没法登上驶向未来的新客船了。

事实上，大部分公司的组织形态已经落后于时代的要求了，不能契合员工的普遍性心理需求。如果一个组织总是让大部分员工失望，最终失望的必然是组织自身。

那么，在这个风起云涌、变幻莫测的大时代里，什么样的组织形态才是契合时代节奏的呢？组织在组织管理上该如何做，才能契合员工的深层需求，释放他们积压已久的愤怒，激发他们萎缩已久的热情呢？

无限责任员工

如果我们总结一下四季酒店、梅奥诊所和迪斯尼的这三个案例，我们会发现，并不仅是四季酒店舒适的住宿环境、梅奥诊所的高超医术以及迪斯尼那些炫酷的娱乐项目让顾客感到开心。

这些因素都在顾客的预期之内，唯有超越预期，才能真正愉悦顾客。

在这三个案例中，门童、护士和司机这几位普通岗位上的员工给了我们一个极为深刻的印象：他们虽然身处一家有限责任公司，但他们却都是无限责任员工！

所谓无限责任员工，就是说他们在各自的服务场景中，完全超越了自己的岗位职责，用尽一切手段来解决顾客的问题，等于是为顾客的需求承担了无限责任。

那么，这些无限责任员工是从哪里来的呢？他们是自发形成的个体，还是组织塑造出来的呢？

很多人会以为，上述这三位凤毛麟角的无限责任员工很可能是出于独特

玩娱授权
从授权管理到授信管理

的天性——他们的天性中可能存在着乐于助人的热情，所以在面对顾客的问题时，特别热心，能够做到不惜代价地去帮助顾客解决问题。

如果他们是这样自发形成的个体，那么一个组织能够拥有这样的员工，就只能是一种偶然现象了。其他组织或领导者也就没有太大的指望自己也拥有这样的员工了。

但是，如果我们仔细推敲一下，就会发现，这样的无限责任员工其实不太可能是自发形成的。

如果四季酒店的门童事后被处罚了，他还会不会再做出类似的行为？酒店的其他员工还会不会做出类似的行为？

如果梅奥诊所的护士缺少了同事的帮助，能不能把重型卡车安全地停到专用的停车场？如果纯属个体行为，那这名护士的同事为什么也会像她一样用上班时间来处理这件事呢？医院对此的看法是什么样的？是鼓励支持，还是禁止训斥？

如果迪斯尼的司机没法安排其他部门的员工第一时间去修理游客房间里的水龙头，他的善心善意是否只能停留在口头上？司机是哪里来的权力可以调配其他部门的员工？

所以，在这些无限责任员工的背后，必然存在着一个支持系统。这个支持系统就是他们所归属的组织。

2001年9月11日，恐怖分子驾驶飞机直接撞击纽约世贸中心。《巴伦周刊》（Barron）的办公地址位于第32层。突如其来的恐怖袭击引发了整座大楼爆燃、摇晃。巨大的冲击力把杂志社的电脑、办公用品和其他设备都抛到了窗外。杂志社的员工们好不容易从险境中逃生，但他们完全没有暂停出刊的念头。

在办公室被彻底毁坏三天之后，新一期的《巴伦周刊》就如期出版了。

为什么《巴伦周刊》的员工们会有如此巨大的激情，为了工作担负起无限责任呢？

2006年，股神巴菲特打破了自己从来不投资外国公司的惯例，花45亿美元收购了一家以色列公司——伊斯卡。

众所周知，巴菲特长盛不衰的秘诀就是他独到的风险评估及调控。但他

第一章
玩娱授权的趋向

这次投资的公司却让大家都看不懂了。因为这家公司正面临着巨大的风险，完全违背了巴菲特多年来所坚持的风控标准。

伊斯卡公司坐落于以色列北部，正是一个战火纷飞的地区，在1991年的海湾战争中就受到过伊拉克的导弹袭击。就在巴菲特收购伊斯卡后两个月，黎巴嫩战争爆发了，4000多枚导弹倾泻到了以色列北部，伊斯卡所在地距离以色列和黎巴嫩的边界线只有12千米，在这场袭击中首当其冲。

大家都以为巴菲特这次是彻底看走眼了。但是谁也没想到，袭击过后，伊斯卡的总裁第一时间就与巴菲特取得了联系。他告诉巴菲特说："尽管我们现在只剩下一半员工了，但是我们保证所有客户的订单都会按时完成，甚至还会提前。"

为什么伊斯卡的员工会有如此巨大的勇气，即便战争都无法阻止他们按时完成订单的决心？

像《巴伦周刊》和伊斯卡这样的组织，就是拥有了很多位，甚至全部都是无限责任员工的组织。这样的组织，我们可以称之为无限责任组织（无限责任公司）。

本书中所谓的无限责任公司，并不是法律意义上承担无限责任的公司，而是对顾客的需求承担无限责任的公司。

显然，这些无限责任的做法只是少数卓越公司的做法，还没有被绝大多数公司广泛地接受。但是，展望未来，只有无限责任员工才能真正满足取悦未来顾客的重任。这些尚属少数的做法，必将成为未来的主流。

当然，这两个案例也已经明确地告诉我们，无限责任员工并不完全是天生的，组织完全有可能塑造出一大批无限责任员工。

此时此刻，如果我们拿这些无限责任员工和无限责任组织来和受大多数传统公司做对比，是不是有恍如隔世之感？

为什么大多数公司的员工偷懒、倦怠、内斗，而无限责任员工却可以做到甘之如饴、尽情投入呢？

其实，问题并不出在员工身上，而是他们所处的组织未能提供足够的制度及文化支持，不能让他们义无反顾地成为无限责任员工。

我们可以再来看一个案例。

通用汽车公司在加利福尼亚州的弗里蒙特市有一座工厂。这座工厂问题层出不穷，员工们士气严重低落，一年中有 4000 项投诉，缺勤率高达 20%，工人们一不高兴就会发动罢工。通用汽车公司不得已，将这家工厂关闭了。

几年后，通用汽车和丰田公司合作，让这座工厂重新开门，但是全部由丰田公司管理。丰田公司留下了全体员工，一个都没有裁掉，尽管当时丰田可以随便裁员。短短数年之后，这座工厂就变成了美国生产效率最高的汽车制造厂，其生产的 GEO 车型因质优价廉而风靡全美。而且，这座工厂的劳工关系也成了行业典范。

丰田保留了全体员工，人还是那些人，但是他们的精神面貌和生产效率却有了翻天覆地的变化。这一切的变化都基于丰田的基本假设：只要你允许，员工就愿意好好工作、好好学习。

这进一步说明了，问题并不出在员工身上，关键还是组织的管理模式。一个好的管理模式，可以充分发挥员工的热情与潜力；一个差的管理模式，可以轻松扼杀员工的热情与潜力。

那么，无限责任组织到底是怎样形成的呢？为什么这样的组织可以将员工塑造成无限责任员工呢？如果你也希望自己的组织里个个都是无限责任员工，该怎么做呢？

玩娱授权的趋向

仔细分析上述无限责任员工的案例，我们会发现，他们最大的共同点就是：在和顾客的接触点上，他们具备了应对当时情境所必需的充足权力。他们可以当机立断地调整自己的行为，并且可以第一时间协调其他部门、其他员工来加入到为顾客解决问题的流程之中。

可见，责任与权力是对等的。唯有员工掌握了充足的权力，才有可能在

第一章
玩娱授权的趋向

愉悦顾客时主动承担无限责任。一旦权力无法与责任匹配，心有余而力不足的员工便没有办法超越顾客的预期。

但是，上述案例中的授权和一般组织意义上的授权是完全不一样的。

一般的授权都是事先授权，划定了明晰的责权范围。但是，在面对顾客需求的时候，各种服务场景是随机出现的，有时候甚至会发生意外事件，组织根本没办法事先授权。

如果等到事件发生后再追加申请授权，等待上级批准，就会耽误宝贵的时间，让顾客在等待中累积负面情绪，并最终爆发，从而酿成更大的事件。

那么，什么样的授权才能满足一名员工拥有承担无限责任的充分权力呢？

我们可以从顾客的角度来分析一下。

我们希望员工个个成为无限责任员工，本质上就是为了取悦顾客。从前面的分析可知，现在的顾客越来越个性化，要求越来越高，充满了不确定性。而且，随着00后带来的后喻效应日益加强，顾客会变得越来越不容易满足，越来越想要即刻满足。

正是在这样的大背景下，我们才希望拥有很多无限责任员工来完美地服务顾客、解决问题，并构建组织的核心竞争力。

顾客的产品偏好已经转向了玩具思维，顾客的身份意识已经转向了玩家意识。而玩具思维在本质上，就是用好玩的方式解决问题。顾客很容易被超越预期的好玩方式打动。

要特别点明的是，对"好玩"的理解不要停留在"采取各种有趣的游戏化方式"上。游戏化是很重要的一点，但不仅限于此。凡是反对旧有的那些僵化、固化、一成不变的规则与流程的做法，都属于好玩的范畴。好玩意味着有趣和新鲜，本质上就是颠覆传统的创新。

如果将这种"用好玩的方式解决问题"的权力授予了员工，这就是玩娱授权。

也就是说，玩娱授权就是让员工真正拥有在组织内部自由自在运用玩具思维，"肆无忌惮"地为顾客创造愉悦的权力。

一名被玩娱授权的员工就拥有了在不同的触点情境下，时刻满足顾客需求的充足权力。同时，一名被玩娱授权的员工，工作本身就为他提供了一种强烈的幸福感。

玩的本质就是自由和信任。当一个人处于玩娱状态的时候，他不再被僵化的条条框框所束缚，能够及时地跳出限制性规则的束缚，以丰富的想象力和无与伦比的勇气去突破创新，从而更能契合充满了不确定性的顾客需求。

也许有人会说，公司付工资给员工，并不是邀请他们到公司来享受快乐的，而是希望他们能够为顾客解决问题，让顾客快乐。但是，既然我们的目的是为了让顾客快乐，为什么不让员工快乐地为顾客解决问题呢？我们都希望员工们能完成工作，为什么不让他们愉快地完成呢？

要知道，一名愁眉苦脸，被层层叠叠的规章制度所束缚的员工，怎么可能为顾客制造快乐呢？

所以，让员工快乐是确保让顾客快乐的必备条件。只有快乐的员工才能让顾客快乐。只有超越员工的预期，才能让顾客超越预期。

也许有人又会担心，如果真的实施了玩娱授权，不受约束的员工们会不会滥用这个巨大的权力呢？这确实是有可能发生的。但是，如果你不信任员工，不给他们自由，就永远无法指望他们主动承担赢得未来所必需的无限责任。

当然，如何让员工既拥有玩娱授权，又不滥用玩娱授权，其关键在于用什么来约束他们，既不挫伤他们的激情，又能保证他们发自内心地为公司的终极利益而竭诚奉献。这正是本书所要重点讲述的内容。

总之，在玩具思维兴起的大时代，在愉悦顾客成为组织首要任务的背景下，娱乐授权这种当下还属于非主流的组织管理方式，必将成为未来最主流的组织管理方式。

任何一个面向未来、面向00后的组织，都需要趋向于通过玩娱授权的方式，将自己的员工塑造为无限责任员工！

第二章

从授权管理到授信管理

玩娱授权
从授权管理到授信管理

在第一章中，我们从消费者的"00后化"以及消费者掌权这两个方面论证了"玩娱授权"的必要性与重要性。接下来，我们从更宏观的环境因素来看一看。

用宝洁公司首席运营官罗伯特·麦克唐纳（Robert McDonald）的话来说："这是一个VUCA的世界。"

VUCA原本是一个军事术语，指的是不稳定（volatile）、不确定（uncertain）、复杂（complex）和模糊（ambiguous）。

管理学大师彼得·德鲁克指出："信息革命在改变着人类社会，同时也在改变着企业的组织和机制。"

罗伯特·麦克唐纳所称的"VUCA的世界"就是德鲁克所说的被信息革命改变了的人类社会。在这样的大环境中，传统意义上的"授权管理"势必力不从心，而"玩娱授权"也就成了组织变革的必然选择。

很多人看到"授权"两个字，自然而然就会以为，"玩娱授权"应该是一种独特的授权方式。其实不然。玩娱授权和传统意义上的授权管理有着本质的区别。玩娱授权非但不是授权的一种，而且和传统意义上的授权管理恰好相反。

为了阐明两者之间的区别与联系，我们首先来看传统意义上的授权管理之于时代特性的严重不足。

第二章
从授权管理到授信管理

授权管理的起源与弊端

"授权管理"是一个众所周知的组织管理词汇,其标准释义是:组织内的管理者将完成某一部分工作的职权授予下属。

这曾经是一种代表先进生产力发展方向的管理模式。

我们知道,在大型的现代公司出现之前,人类的商业组织大多是以小作坊的形式出现的。一个小作坊,少则几人,多则几十人,人与人之间直接沟通的成本较低,不需要任何的官僚制组织形式。

但是,随着人类对于大规模协作的渴望与追求,人数众多的官僚制组织开始出现,授权管理随着组织规模的发展壮大也应运而生。其原因有三个方面。

1. 管理幅度

任何一个人,哪怕再强悍,也不可能是三头六臂,一天拥有48小时。所以,一个人的管理幅度必然是有限的。

英国牛津大学的人类学家罗宾·邓巴(Robin Dunbar)在20世纪90年代提出一个定律:人类大脑智力所能允许一个人拥有稳定社交网络的最多人数是148人,四舍五入大约是150人(Rule Of 150)。150这个数字也因此被称为"邓巴数"。同时,邓巴还发现,一个人能够花费很多时间和精力深入交往的人数在20人左右。

所以,150和20这两个数字就成了一名管理者在组织中管理幅度的上限和下限。直接向管理者汇报工作的下属一般不能超过20人,管理者能够亲自联系的下属总数一般不超过150人。

当组织中的人越来越多,工作事务越来越多的时候,管理者就没有办法亲力亲为了,只能将职权授予不同的下属。

2. 组织效率

如果管理者每件事情都是事必躬亲，过问、审查、批准、追踪、反馈，他本人就会成为组织运转中的瓶颈因素。大量的事务会积压在管理者这个环节，导致整个运转停滞，组织效率必然十分低下。

为了让组织高效运转，管理者必须授权给下属，让下属独立处置权限内的事务。

3. 员工激励

如果组织中的每件事情都必须得到管理者的许可和批准才能开展，久而久之，员工们就会对管理者形成依赖心理，坐等管理者的安排。同时，员工的责任意识以及业务能力就会大幅度退化，最后变成死气沉沉、缺乏活力的"应声虫"。

而得到授权的员工则相当于得到了组织和领导的认可，从而会激发出更大的热情与干劲，可以发挥更大的作用。这自然会推动组织更快发展。

所以，授权管理是组织得以壮大的内部支撑。如果不实行授权管理，每家公司就只能以十来个人的小作坊形式存在。现代的大型组织，包括跨国公司、互联网公司、政府机构、非营利组织等，动辄拥有几万甚至几十万名员工，如果没有授权管理，简直无法想象如何正常运行。

"组织理论之父"德国著名社会学家马克斯·韦伯（Max Weber）认为，官僚制组织在技术上优于其他任何组织形式。他说，只有在尽量短的时间内能够精准、明确、持续地处理公司事务的"严格官僚化组织"，才能满足资本主义市场经济的需求。

韦伯的论断曾经是正确的，因为当时的社会充满了确定性，好像可以套用数学公式一般。

但是，授权管理在支撑组织快速膨胀的同时，也在纵横两个方向将组织

第二章
从授权管理到授信管理

的工作及事务切割成了碎片。

在横向,根据不同的职能,划分出了很多的部门。工作就成了边界分明的内容。生产车间、营销部、客服部、财务部……每个部门都有自己的分解目标,都有自己的考核要求,自然也就有自己的部门利益,从而很容易形成"部门墙"。每个部门只为自己部门的利益负责,从而忽略甚至背离了整个组织的综合利益。

在纵向,设置了很多的层级,给员工赋予了不同的级别身份。整个组织由此变成了一个科层制的官僚体系,就像金字塔一样。高居顶端的是组织的最高领导者。就公司而言,就是拥有董事长、CEO这些头衔的人。

当工作和事务被分割出来后,每个部门以及部门中的每个人,都只关心其中与自身利益密切相关的部分,尽管那只是整体中的一个碎片。当我们关注事物的局部时,就将局部从整体中剥离出来,同时选择性地放弃了其他可能。也就是说,在传统的金字塔组织中,每个人都是一叶障目,只看到了本部门的"树",而看不见整个组织的"林"。每名部门、每名员工自己的那块碎片比整体要重要得多。

组织这台超级切割机,不但切碎了组织的功能及事务,也将组织中的成员切碎了。作为员工的人,本来是一个完整的人,也被工作内容、职位层级切割成了一片片的功能性碎片。

正如亨利·福特曾经说过的:"我雇的明明是两只手,怎么却来了一个人?"这意味着,组织想要的只是你的手,你的大脑以及身体的其他部件都不是流水线工厂所需要的。这是多么精准而荒谬的一个隐喻啊!

事实上,员工尽管来的是一个人,但他们除了两只手之外的功能或能力,并进而推及思想和情感,都被授权管理给禁锢住了,丝毫不能发挥作用。

既然一个完整的人已经被职能或任务切成了碎片,那么,顺理成章地,他也就成了有限责任员工——他只需对授权范围内的事务负责,只需对授权给他的人负责就可以了。他的关注点自然就集中在组织内部的局部上了。

这样的情形在传统的组织中普遍存在。

玩娱授权
从授权管理到授信管理

比如，海尔集团的领导者张瑞敏在回忆自己刚参加工作的感受时说："我曾经见过工厂里的很多员工有很多创意，但没有人鼓励他们将创意付诸实践，或者他们因自主思考而受到责备。最终，他们不再自主思考，只做别人要求他们做的事情。"

更重要的是，传统组织的这种授权并不是在心甘情愿的前提下发生的，而是被迫进行的。如果金字塔尖的最高管理者能够自己掌控一切，他是绝对不愿意授权给下属的。

由此可推知，每一个层级的管理者，都是不愿意自己的权力被分割给下属的。因为在这样的官僚层级体系中，一个人手上掌握的权力和他在组织中的地位和利益直接相关。谁要是把自己手中的权力全部分给了别人，谁就很难在组织中享受更高的待遇和荣誉了。

所以，所谓的授权管理，往往是无效的。在组织的金字塔层级中，每一个层级的人都在竭力维护自己的权力，不轻易下放。制度只停留在纸上和表面上。尽管表面上是授权了，实质上是无所不用其极地加以控制，还是想把权力牢牢掌握在自己手中。

这样就会出现表象与真相不符的悖逆，从而导致潜规则滋生蔓延，整个组织中也随之充满了以猜疑防范为主的组织防御现象。

组织中的控制手段主要是监督与考核，奖励与惩罚。为了便于实施这些控制手段，量化就成了一个绕不过去的选择。

无论是八小时轮班工作制、上下班打卡制、职位描述、工作量，还是着装规定、假日安排、咖啡时间等，全都被规定好了，普遍适用于组织中的任何人。而且，层级越低的员工越没有自由裁量的权力，只能完全按照规定行事，就像不折不扣的机器人。

量化追求的是一种确定性，组织对于稳定有着特殊的偏好。唯有稳定，才有安全感，才会保持既有的秩序不变，大家才不用为异常现象担责，各自的利益才有保证。

但是，量化必然导致僵化。当员工的思想和能力都僵化于某个环节、某

第二章
从授权管理到授信管理

个碎片的要求时，你再也不能指望他们可以为顾客提供最贴合的服务了。每个人只顾着不要在自己的环节上出错，顾客的完整需求也就被组织层级及架构切割成碎片了。

这一套模式已经运行很长时间了。大家久居其中，虽然早就感觉到不舒服了，但是熟悉带来的安全感让大家还能勉强忍受。毕竟，与其去直面巨大的不确定性，墨守成规并承担一定的不舒适代价也就算是不太坏的选择了。

但问题是，当下的世界已经告别了确定性，正在 VUCA 的大道上飞速疾驰。顾客的"00 后化"趋势非常明显，每个人都呈现出高度的自我意识（即玩家意识）的觉醒，其需求越来越倾向于玩具思维。要取悦这样的顾客，已经难上加难。

组织如果任由上述弊端存续，就只能眼睁睁地自己丧失竞争力，而被无情地淘汰。要想改变这样的局面，组织唯有推行"玩娱授权"的重大变革。

那么，玩娱授权到底是怎么样的呢？它和传统的授权管理到底有什么不同呢？

玩娱授权就是授信管理

玩娱授权其实不是授权管理，而是授信管理！

所谓的授权，实际上是限权。组织中各个层级被授予的权限，全都是被限制在一定的领域、一定的范围、一定的程度中的。

而且，授权往往是伪授权。授权者其实非常担心自己手中的权力被稀释，所以对被授权者充满了戒备心理。被授权者敏锐地感到了上级的不信任，为了确保在科层官僚组织中生存，于是主动放弃了行使权力，俯首帖耳地遵循上级的指令，不敢越雷池一步。当然，他们在放弃行使权力的同时，也放弃了承担本该由他们承担的责任。一切权力与责任暗中又流回到了上级手中。以此类推，科层组织的权力最终还是集中在身处金字塔尖的领导者手中。

玩娱授权
从授权管理到授信管理

所以，在授权管理下，形式重于实质，流程胜于结果。

即便被授权者在权限范围内勇于行使权力，一旦顾客的问题超越了被授予的权限，被授权者也就只能沿着组织层级逐级向上汇报，由拥有足够权限的上级来处理。在为顾客提供服务时，当内外部环境都确定的情况下，授权管理不太会出现反应滞后、程度不足等问题。但现在的环境和形势充满了巨大的不确定性，授权管理的弊端日渐明显，必须向着授信管理的方向加速演变。

那么，什么是授信管理呢？

授信管理的核心本质就是彻底改变组织中人与人之间的关系。

在授权管理的模式下，组织中人与人之间的关系是"控制与被控制"。权限大的人控制权限小的人；级别高的人控制级别低的人。

在授信管理的模式下，组织中人与人之间的关系是"信任与被信任"。基于信任，职位、级别、部门功能分工等形成的组织内部壁垒就会被消融，从而促进组织内信息的自由流动。

授信管理就是将信任，而不是权力授予员工。权力是有限制的，而信任则是无限的。授信管理看似没有将任何权力授予员工，但实际上员工由此获得了前所未有的权力。我们将这样的权力授予方式称为"玩娱授权"。

那么，为什么说授信管理就是玩娱授权呢？

我们在第一章里给出过"玩娱授权"的定义，即让员工真正拥有在组织内部自由自在实施玩具思维，"肆无忌惮"地为顾客创造愉悦的权力。

商业组织的目的就是为顾客创造愉悦。但是愁眉苦脸、心情压抑的员工是没办法真正让顾客愉悦的。只有自己快乐的员工，才能为顾客创造愉悦。在逻辑次序上，一定是先有快乐的员工，再有快乐的顾客。

心理学与生物学的研究表明，真正的快乐来自于无拘无束的玩耍。

美国加州大学伯克利分校的一项关于促成成功的研究表明，对成功结果产生影响的主要活动是玩耍。当科学家们越是能够在进行科研活动的同时，

第二章
从授权管理到授信管理

从事轻松的、似乎与目的无关的游戏享受乐趣，他们所取得的成功和所获得的突破性发现就越伟大。

但是，玩耍嬉戏在绝大多数的传统组织中都是不被认可的。一个喜欢玩耍的人，在这样的组织中，最好的情况是被认为是不成熟的，最差的情况则是被认为缺乏纪律性。所以，传统的授权管理模式实际上严重抑制了员工为顾客创造愉悦的能力。

而授信管理所授予员工的信任，实际上就是自由。这种管理模式不再约束员工的行为，玩耍当然是被允许的。所以，在授信管理模式下，员工的快乐是有制度保障的，是得到组织公开支持的。

快乐的员工可以为组织带来什么呢？

哈佛大学的一项研究表明，组织内的快乐氛围可以让组织的生产力平均提高31%，销售人员的销售额平均提高37%，医生的正确诊疗率平均提高19%，CEO的效率平均提高15%，企业的客户满意度平均提高12%。

由此可见，如果组织的领导者把愉悦自己的权力授予员工，对于组织来说是多么美好的一件事情啊！

那么，授信与员工的自我愉悦之间又是什么关系呢？

组织管理专家迈克尔·布什（Michael C. Bush）在TED的演讲《让员工快乐工作的秘诀》中列出了5个方法，其中第一个方法就是信任与尊重。

他说："我们调查了CEO、警察、卡车司机、厨师、工程师。我们发现，这些在工作的人都想要同样的东西，那就是快乐。神奇的是，并不需要多花钱就能让员工快乐。重点不是乒乓球桌、按摩或遛宠物，也不是额外补贴，而是他们如何被自己的领导对待，及如何被同事对待。在员工很快乐的组织中，你会发现两样东西：信任和尊重。领导人通常会说：'我们信任我们的员工，我们授权给员工。'接着，当员工需要笔记本电脑时——这是个真实例子——必须经过15个人的核准。所以，对员工来说，所有的文字规定都没问题，但买一台1500美元的笔记本电脑却要经过15关审核？你花在审核上的钱比买电脑的钱还多。员工觉得也许自己并没有被信任。"

玩娱授权
从授权管理到授信管理

现在你明白了吧,当员工被授予信任的时候,他们就会很快乐,就会有无穷的动力投入到工作中去。

这就是玩娱授权和授信管理画等号的原因所在。

微软的创始人比尔·盖茨说:"我们所拥有的唯一资本就是人的想象力。"但是,想象力只有一个人在被允许自由玩耍的时候才会尽情释放。而传统组织等级森严的金字塔层级,是最擅长扼杀想象力和创造力的。一个被授权管理所限制的人,是不可能有动力去滋养自己的想象力的。

荷兰历史学家赫伊津哈说:"人只有在游戏中,才能成为真正的人。"被传统的组织架构切割成碎片的员工,也只有在玩娱授权中才能恢复为完整的人。进而,只有一个完整的人,才有可能为组织承担无限责任。

在授权管理模式下,每名员工所做的都是由他的上级指定他必须做的事情。我们为授权管理创造了一个英文单词——Mustness。在授信管理模式,每名员工可以根据为顾客服务的需要做他所能想到的任何有利于让顾客愉悦的事情。我们也为授信管理创造了一个英文单词——Trustness。

当我们看到 Mustness 和 Trustness 这两个英文单词的时候,自然能体会到 Must 和 Trust 之间的本质区别。Must 是被动而做,Trust 是主动而做,两者的内部驱动力完全不同。这个区别也就是传统意义上的授权与玩娱授权的本质区别。

在第一章中,四季酒店的那个门童一定给我们留下了深刻的印象。这个门童就是一位典型的被玩娱授权的员工。四季酒店告诉每一位雇员:"当你在服务顾客的时候,可以做任何你认为是对的事情。"

这句话就是直截了当的授信管理。所以,那个门童会做出让绝大多数老板大跌眼镜的疯狂举动。但是,在实施授信管理的公司里,这样的疯狂行为却是司空见惯的常态。

在现代组织中,人与人之间的信任已经成为极其稀缺的东西了。我们似乎已经不再信任"信任"了。但事实上,信任从来没有辜负过任何人。

我们来看一个堪称极端的例子,看看授信管理是如何将一群完全失去了

第二章
从授权管理到授信管理

社会信任的囚犯变成了充满希望的餐厅员工的。

在英国萨里郡有一座臭名昭著的 High Down 监狱。这座监狱里关押着 1100 名重刑犯，令人闻风丧胆、不愿靠近。而且，这座监狱的犯人，再犯罪率是最高的：从 High Down 监狱获释后，70% 的人会再次犯罪。社会不愿意接纳他们，他们一般只有两个选择：死亡或者继续坐牢。

但是谁也想不到，在这所很多人唯恐避之不及的监狱里，竟然开了一家 The Clink 餐厅，餐厅的大厨和服务员全都是监狱里的囚犯！更令人惊讶不已的是，这家监狱餐厅开业之后，各种高官名流竟然开始成群结队地去吃"牢饭"，并且还把吃"牢饭"当成了一种时尚！

餐厅的老板叫阿尔贝托，是一位拥有 8 家餐厅的成功人士。他是怎么样把这些前科累累的囚犯变成合格的厨师与服务员的呢？

方法很简单，就是授信管理。

阿尔贝托觉得，比赚钱更有意义的事，是给别人希望。于是他就想到了这个点子——在监狱里开个餐厅，重新改造重刑犯，把他们培训成厨师和服务员，让他们在回归社会时能自给自足。

当囚犯们得知阿尔贝托的想法后，都很开心，甚至表现得很激动。这是一个人被授信后的正常反应，哪怕是囚犯。

阿尔贝托精心挑选了 18 名囚犯，但他们中的大部分人压根就没有接触过厨房，有的人连菜都分不清，餐厅礼仪更是一片空白。于是，阿尔贝托花重金请来了全伦敦最好的意大利厨师，对囚犯们进行培训和指导，每周还给他们发工资，帮助他们尽快掌握技能。

授信激发了囚犯们心中积极向上、向善的那部分。于是，The Clink 餐厅发展得越来越好，犯人们把这里当成自己的家，餐厅里的家具和绘画都是囚犯们的作品，就连玻璃器具上的字都是他们打磨刻制上去的。后来，The Clink 餐厅有了自己的菜园，食材都是囚犯们亲手种植的绿色蔬菜。人们最开始担心犯人们待在一起可能会发生恶性事件，但竟然一次都没有发生过。而且，最让人感到欣慰和吃惊的是，自从有了 The Clink 餐厅后，High Down 监

玩娱授权
从授权管理到授信管理

狱的再犯罪率直接从 70% 降低到 10%，成了意外之喜。

因为表现良好、运营出色，The Clink 餐厅得到了政府和民众的一致认可，很快便名声大噪，吸引了很多人的注意，国会议员、明星大腕，乃至公爵夫人，都前来就餐拜访。

更让人叹为观止的是，The Clink 餐厅已经开出了 4 家分店，分布在不同的监狱里，而且每一家都大受好评。

每一位到餐厅就餐的人，给予最多的评价都是：从他们上的每一道菜中，你感受到的不是担心、害怕，而是满满的真诚。

在这些囚犯转变而来的员工中，最让阿尔贝托感到欣慰的人是毒贩鲁比。

鲁比刚开始工作时非常紧张，还伴有很严重的口吃，但是在阿尔贝托的鼓励下，鲁比开始尝试着变得大胆，并且每一天都在进步，渐渐成了可以独当一面的厨师。

后来，鲁比快出狱的时候，听说一家米其林餐厅正在招人，就动了念头。他出狱后，阿尔贝托陪他来到伦敦的那家米其林餐厅。在两个小时的面试后，鲁比获得了一份年薪 19 000 英镑的工作（约 17 万人民币），整个人顿时就像重生了一般。

3M 公司的 CEO 威廉·麦克奈特（William McKnight）曾经说过一句很经典的话："你把员工用围栏圈起来，你将得到一群绵羊。"

阿尔贝托的举动却恰好相反，他把一群囚犯当作了厨师，就真的得到了一群合格的厨师。

信任是一种正面积极的预期。心理学上的"皮格马利翁效应"，说的就是你期望什么，你就会得到什么；你得到的不是你想要的，而是你期待的。

如果你层层设防，把员工当机器、当工具，好人也会变成坏人，能人也会变成庸人。如果你高度信任，把员工当值得尊重的人，当值得珍惜的宝贝，坏人也会变成好人，"废柴"也会变成人才。

从另一个角度来看，授信管理模式就是将控制权交到员工手中。

心理学家艾伦·兰格（Ellen Langer）在美国康涅狄格州的阿登屋养老院

第二章
从授权管理到授信管理

进行了一项研究。养老院共有四层,他们随机挑选了两层,让老人分别接受两种实验。第一组的老人接受了"责任感提升"训练,第二组的老人则作为对照组进行比较。

第一组的老人被允许自行决定的事项有:

1. 他们可以自己决定房间的布置,告诉管理员自己想做和希望做的事。

2. 养老院给他们准备了一棵植物,他们可以选择要不要,也可以选择要哪一种。选择了之后,可以按照自己的想法来照顾植物。

3. 周四、周五晚上各放映一场电影。如果想看,可以在两天之中选择一天。

第二组的老人获悉的信息是:

1. 管理员的责任是给他们营造舒适的环境,管理员会在各方面帮助他们。

2. 管理员为每人准备了一棵植物,但是由护理人员每天负责浇水和照顾,老人无须自己动手。

3. 周四、周五晚上各放映一场电影,稍后会通知他们放映时间。

这两组老人的差异在于,第一组老人拥有对生活的控制权,可以自由做决定。而第二组老人得到的东西虽然是一样的,但却没有任何的自主权,完全是被动接受。

实验持续了三周。结果显示,两组老人表现出了明显的差异。第一组老人说他们更快乐,也更有活力,机敏程度的评定也高于第二组。对研究毫不知情的护士们观察到第一组老人,有93%的状况都得到了提高,而对照组只有21%的老人的状况在向着积极方面变化。

兰格由此得出结论,控制感对一个人的健康具有决定性作用,有控制感的人会生活得积极、健康;失去控制感会导致一个人的身体状况变差,甚至失去生活的希望。

另一位心理学家舒尔茨也做了类似实验。他先告知敬老院里的老人,周

玩娱授权
从授权管理到授信管理

末会有人探访,但是其中一半的老人可以自己决定被探访的时间,另一半只能被动接受探访时间。仅仅 8 个月以后,后一组老人的身体状况有了比较明显的改善,后一组老人的身体状况则没有改善。不到一年时间后发现,后一组老人的死亡率居然更高。

舒尔茨得出的结论是:剥夺一个人的控制感会对他造成严重的身心伤害。

在传统的授权管理模式下,一线的员工基本上没有多少自主权,控制权被金字塔尖的领导者牢牢占据。因此,员工们士气低下、身心疲惫、工作效率不尽如人意就是可想而知的了。

心理学家汉斯·波斯马(Hans Bosma)和斯蒂芬·斯坦斯菲尔德(Stephen Satansfeld)曾经研究了一万余名英国公务员的压力水平。结果显示,如果一名男性觉得自己无法掌控自己的工作,他罹患心脏病的风险要比那些觉得自己可以掌控工作的男性高 50%。对女性而言,这个数值竟然高达 100%。这可能是因为女性通常所担任的职位本身,对工作的掌控权就比男性低。这两位心理学家认为,控制权和选择自由可能是人类的普遍需求。但是在传统的控制型组织中,底层员工的这一需求却无法得到满足。

在监管严格的组织中,控制权尤其重要。拥有控制权的员工(通常是高级管理人员)不仅能够更轻易地避开官僚程序的束缚,而且能够更多地了解与报酬分配有关的显性和隐性规则。所以,在传统的授权管理模式下,组织中只有拥有绝大部分控制权的极少数人才有可能身心健康。而从整个组织来看,毋宁说这是一个"病态组织",因为大多数的员工都处在不良的高压力身心状态。

授信管理则在信任员工的同时,把控制权还给了他们,从而让员工身心健康、精神焕发,并且积极性和主动性大增。

我们来看一个采用授信管理模式的日本养老院的故事。

日本爱知县有一家叫作"蒲公英介护中心"养老院,被人们称赞为"老人迪斯尼"!这是全日本规模最大的养老院,相对于业界平均 30 名老人的水准,这里竟然容纳了 250 多位老人,由 90 位员工负责照顾他们。

第二章
从授权管理到授信管理

这家养老院就像一个游乐园，除了常见的餐饮、康复设施，还有天然温泉、卡拉 OK 等超过 250 种娱乐活动。

这家养老院还发行了自己的内部货币——SEED 币。

养老院给每位老人发放初始资金 5000SEED。此后，只要老人参加康复训练或者配合护工工作，就可以获得上百到上千不等的 SEED。比如，散步 100 米就能获得 100SEED，自己洗脸、刮胡子也能增加"收入"。

这些老人在被家人送到养老院之后，都觉得自己已经成了一点用处也没有的人了，从而表现出了一种毫无活力的悲观状态。

但是，参与活动可以"挣钱"这一点极大地激活了老人们。他们觉得，自己依然具备主动权，可以根据自己的意愿来参加活动，赢得 SEED 币。

于是，很多以前非常依赖护工的老人，开始主动要求自己做一些事情。一些可以获得"高收入"的康复项目甚至需要排队才能轮得上。

当老人们攒下一定数量的 SEED 币后，他们的控制权进一步加大，他们可以拿着 SEED 币去养老院里的商店里购物。比如，零食 200SEED，糖果 100SEED，一杯咖啡 + 甜点 500SEED。

如果哪个老人累积了几十万 SEED 币，他们的自主性就更大了，他们可以选择购买外出行程：

扫墓 = 5 万 SEED

逛街购物 = 12 万 SEED

……

养老院的管理人员发现，自从 SEED 币流通以来，老人们的康复状况明显改善，很多老人都再一次找到了人生的意义。

上述两个养老院的故事告诉了我们，控制感对于一个人的身心状态的极端重要性。从中也可以看出，如果我们给员工以自由选择的权力，员工们一定不会辜负我们对他们的期望。

总之，在这个被 VUCA 笼罩的大时代中，从授权管理到授信管理的转变，

玩娱授权
从授权管理到授信管理

从"控制与被控制"到"信任与被信任"的转变，必将汇成主旋律的洪流。

管理预言家肯尼斯·克洛克（Kenneth Cloke）和琼·戈德史密斯（Joan Goldsmith）很早就预见了这种未来的管理模式：

在今天的公司，政府机构、学校等非营利组织中，如果其内部工作人员被赋予自我管理以及对自我发展和自我表现负责的权力，它们就能得到极大的改进。

通过合作、自我管理和组织民主的共同作用，意义深远的变化是可能发生的，组织可以在脱离信誓旦旦的价值、伦理和道德完善的背景后，始终如一地运转。僵化的边界可以被人们打破，以形成一种有机的、不断演进的联合网络。相互联系的领导者们可以通过组织得到认证，并被自己将去领导的下属、同事、顾客、股东们所选择。雇员们能够学会在合作性的小团队里进行自我管理。在这些小团队里，责任和信任与权力的赋予相一致。每名雇员不仅对自己的管理者负责，还对他们自己、他们的同事和他们的顾客负责。组织可以实施简化的、开放的、合作性的程序，以减少繁文缛节、增加信任，并创立复杂的自我矫正体系。这种体系可以培育组织学习，改变组织变革的方式。

许多组织已经在朝这个方向前进了。炫耀性的头衔和军事化的多层次、等级森严的职位正在被有趣的、随心所欲的角色以及自我选择的头衔所取代，例如"身兼数职的部门经理""神秘的国际妇女"和"令人愉快的主管"。

合作、自我管理和组织民主，从根本上改变的不仅是我们工作的方式，还有工作性质本身。

设想一下，组织就像是有机物，政策是灵活的和受价值驱动的，程序具有瞬时适应性、可以满足顾客的需要，目标是挑战和竞赛，反馈被作为礼物和敬意被人们加以接受，冲突创造进步和学习的机会。

设想一下，组织对待雇员如同对待艺术家和科学家，将抱怨看作是改进工作的建议，像寻找奇珍异宝一样去探索问题，将动机建立在爱和自我实现

第二章
从授权管理到授信管理

的基础上。

设想一下，工作就是游戏，交流就是讲故事和做隐喻，分歧是受到人们欢迎的，日常事务就是仪式，变革就像是探索和历险。

肯尼斯·克洛克和琼·戈德史密斯的预判，正在成为活生生的现实。

从"知道如何去做"到"知道为什么要做"

Know-how 这个英文单词大家都不陌生。当这个词出现在商业组织中的时候，它的意思是指专有技术、秘密技术。

在本书中，我们将 Know-how 的意思恢复其字面意思，即"知道如何去做"（How to do）。这是在授权管理模式下的一种状态，即领导者发号施令，告诉员工要做什么。在这个过程中，负责思考的是最高层级的领导者，员工只要明白如何去做就可以了。

与此对应，Know-why 就是"知道为什么要做"（why to do）。这是在授信管理模式下的一种状态。员工在知道为什么要做后，自己有权力思考并决定如何去做。

《领导力》一书的作者戴维·马奎特（David Marquet）说："如果你想要人们思考，请告诉他们意图，而不是具体指令。"

在这里，告诉员工意图就是让他们知道为什么要做，而发布具体指令就是让员工知道如何去做。

在一个实行授权管理模式的组织或团队中，员工或成员往往被剥夺了知道为什么的权力。他们虽然从事着自己的分工，却从来不知道为什么要做这个。这很容易造成衔接失当。

商业顾问保罗·史托兹博士（Paul Stoltz）曾经参加过一个攀岩队，去攀爬一面很难爬的花岗岩石壁。其中的一位队员负责拴绳子，他的任务是拉住

玩娱授权
从授权管理到授信管理

安全绳，以防人们从石壁上掉下去。他之前没有做过这件事，他觉得这项任务没什么意思，因为大部分的时间他都是干坐着，等着。他感觉很无聊，就自作主张地把绳子松开了。结果有一位队友就掉了下去。幸运的是，这位队友没有受伤。

这位负责拉绳子的队员为什么会松开绳子呢？

很简单，因为他并不知道自己为什么要拉绳子，不知道自己拉绳子对于其他队友、对于整个团队的意义所在。

这个故事其实是一个很典型的隐喻。在传统的控制型组织中，每个人都只负责自己的一小部分内容，而不知道自己的这一小部分对其他部分有什么价值，所以只能盲目地维护自己这一小部分的利益，却不知道这样做很可能对整体不利。如果一艘船正在下沉，你把甲板清洗得再干净，又有什么用呢？

史托兹由此总结说，应该让每个人都知道自己的工作对于整个团队的前进有多么重要！

这就是知道为什么要做（know-why）的重要性！

在授权管理模式下，组织纵向的各个层级都会不由自主地阻碍信息向下流动。同时，组织横向的各个职能部门也会不由自主地阻碍信息的平行流动。因为他们都要依靠对重要信息的垄断来维护手中的权力。

而在授信管理模式下，基于组织内部充溢的信任，信息得以在组织内部的各个向度自由流动，从而可以大大减少因为某个成员缺乏知道为什么要做的权力而导致的错误。

但是，尽管如此，由于存在某些疏漏，个别员工仍然会因为缺乏知道为什么要做的权力而犯一些看起来很"正确"的错误。

曾经负责东京迪斯尼乐园运营长达20年的大住力，大学一毕业就加入了迪斯尼。他的第一份工作是在纪念品零售店的实习培训岗上。这是大住力的第一份工作，他分外努力热情，很想把工作做好，体现自己的价值。

结果，他上岗的第一天就犯了一个大错误。

事情是这样的：

第二章
从授权管理到授信管理

纪念品零售店入口处的黄金位置原本陈列着大量印有米奇和米妮形象的钱包，价格比较便宜，但是体积较小，而且材质是塑料的。钱包的背面印着"Tokyo Disneyland"（东京迪斯尼）的蓝色标志。

大住力敏锐地发现钱包的销路不太好，而且很多游客把钱包的拉链拉开，就连里面的泡沫填充垫也被翻出来。店员光是整理这些钱包就要花费很多精力。

大住力认为，这么好的陈列位置，要是摆点畅销的商品该有多好。现在陈列钱包，等于是浪费了这个黄金位置。

于是，大住力自作主张地撤下了这些钱包，换上了一些更加炫目的玩具，比如装上电池就会发光的彩灯玩具。

不出所料，这些玩具很畅销，零售店的销售业绩有了明显增长。大住力觉得很得意，因为自己为公司做出了贡献。

后来有一天，大住力的上司来店里巡查，发现了陈列的变动，问道："是谁改变了商品的陈列？"

大住力非常自信地回答道："是我做的！"他满心以为自己的做法会得到上司的表扬。

但是，上司没有表扬他，而是说："你根本没有搞清楚自己的工作内容啊！"

大住力顿时傻眼了，不知道上司为什么反而要批评自己。

上司见他满脸的不理解、不服气，于是问他："你知道自己的使命是什么吗？"

大住力自以为做得很对，提高了销售额，但真不知道自己的使命是什么。上司告诉他，纪念品零售店是迪斯尼乐园不可分割的一部分，因此，游客进店后首先映入眼帘的商品，必须能向游客传达这样的信号——欢迎光临！这也是迪斯尼乐园的一部分。而能够发挥这个作用的就是那些看似滞销的印有米奇和米妮的钱包。这能够让人一下子联想到迪斯尼乐园。

玩娱授权
从授权管理到授信管理

按照本书的标准,迪斯尼是为数不多的采取玩娱授权(授信管理)的公司之一。但在上面的例子中,新员工大住力还是因为对"知道为什么要做"缺乏深刻的理解而好心办了坏事。

迪斯尼的创始人沃尔特·迪斯尼将工作分为两个部分。一部分是"职责"(Duty),另一部分是"使命"(Mission)。职责的内容是在员工指导手册上详细写明的,是指"无论是谁,在什么时间做,都能得到相同的结果的事情"。这是确定性的一部分。而使命则是更高层次的要求。使命的具体内容是没有写在员工指导手册上的。面对眼前的客人,如果不能时刻做到"想其所想,急其所急"并付诸行动的话,就不算是完成了整个工作。

在迪斯尼乐园,所谓职责,就是理所应当完成的基本任务,但绝对不能认为完成了职责就是完成了工作;只有完成了使命,才算是真正意义上完成了全部的工作。即便是对临时工而言,完成指导手册上注明的职责内容也仅仅是基础工作而已,完成更高层次的使命才是对他们的终极要求。

实际上,迪斯尼的"职责"(Duty)部分就对应于"知道怎么去做"(Know-how),而"使命"(Mission)这一部分则对应于"知道为什么要做"(Know-why)。

也就是说,完成职责需要授权,达成使命则需要授信。

迪斯尼公司十分注重对员工使命的培训与引导。如果你去问在迪斯尼乐园工作的临时工:"你的使命是什么?"他通常会回答:"让游客获得由衷的愉悦体验,从而感受到幸福。"

事实上,只有真正理解了为什么,员工的行为才能跟得上公司所孜孜以求的使命与价值观。

在东京的迪斯尼乐园中有一个人气很旺的游乐设施——幽灵公馆。其中的工作人员个个板着脸,冷若冰霜,和乐园中其他地方热情有加的工作人员判若两人。但这恰恰是因为员工真正理解了为什么才这么做的。他们为了营造出幽灵公馆应有的氛围,增强游客的体验感,才故意摆出了一副冰冷、阴郁的表情,而不是热情地向游客打招呼。

第二章
从授权管理到授信管理

一旦人们知道了为什么，就会爆发出惊人的创造力，突破种种的惯常束缚。

我们来看一个感人的案例。

有一趟航班做好了起飞前的各种准备，正要起飞，距离机舱关门还有3分钟的时候，乘务长发现还有三名乘客没有登机，于是向机长报告。机长决定等足3分钟，如果乘客还没有到，就卸掉他们的托运行李后起飞。

乘务长随即在机舱门口看到一个衣着邋遢的中年男子，身边放着大包小包，跪在了门口。乘务长感到很诧异，就询问是什么情况。

这位男子告诉她说，自己的孩子得了心脏病。为了给孩子治病，花光了家里的积蓄。原来以为孩子是可以治愈康复的，没想到医生宣布孩子剩下的时间不多了。这次一家三口人搭乘飞机，是抱着最后的希望，带孩子去一个大城市找专家治病。因为这是孩子第一次坐飞机，妈妈带着孩子去看飞机起落，由于缺乏出行经验，在机场里迷路了，结果耽误了登机时间。

中年男人跪着恳求机组能够再等等孩子和妈妈。

这时，机场管制给的起飞时间已经到了。按照常规，若乘客因为自身原因不能准时登机，飞机是不会等人的。

机长决定继续等待，机场则催促飞机赶快起飞，以免影响整个调度。这时候，机舱里乘客的情绪明显骚动起来。这时候，机长决定把中年男人所说的情况通过广播向全体乘客公开。

听完广播，机舱里瞬间安静了下来，再也没有一个人抱怨飞机为什么还不起飞了。

一直等了20分钟，那对母子才赶了过来。当她们走进机舱的时候，中年男人忍不住责备孩子的妈妈不懂事，耽误了整架飞机。但是，却没有一名乘客指责他们。

乘务员连忙安排他们入座。

当飞机进入稳定的巡航阶段时，有乘客提出要给这一家三口捐款。乘务长向机长报告。机组人员商议后，同意了乘客的请求。最后，7名机组人员捐了8500元，而134位乘客一共捐了67520元。

整架飞机总共为这个家庭捐了7万多元。这笔钱也许不能完全解决孩子的医疗费用，但却意义非凡。

机组人员为了等候这对母子登机，宁可违反机场管理规定，这已经是突破常规的破例之举。

全体乘客不但没有对因个人原因而导致航班延误的一家三口进行指责，反而捐款帮助他们。这也是一个极大的反差。

机组人员明明在做一件按照常规判断是"错"的事情，但给我们的感觉却是做了一件最正确的事情。他们敢于打破常规，冒着违背规则的风险，自动自发地承担责任，其根本原因就在于他们知道为什么要做。

正因为他们知道了为什么，所以才会义无反顾。

同样，全体乘客也正是因为知道了为什么，才会慷慨解囊，献出自己的爱心。

我们可以设想一下，如果撇开了员工使命，也就是知道为什么要做这个重要因素，你需要付出怎样的努力与代价才会让机组人员心甘情愿为你违规操作，让全体乘客发自内心地为你捐款？

看似违背规则和常理，但因为"知道为什么要做"（Know-why）的背后潜藏着的正向价值观，所以才让我们知道了什么才是真正的"对"！

这就是做"错"了事，却能赢得掌声的"知道为什么要做"（Know-why）！

最后，要特别点明的是：在组织中，即便领导者只是让员工知道怎么去做，不让员工知道为什么，员工们还是会用自己的方式去探索为什么。这是人之本性。也就是说，如果组织中缺乏正式渠道去公布"为什么要做"，员工们就会用谣言和猜测来填满这个空白，并以流言蜚语的形式传播开来。而为之承担代价的也必然是组织。

第二章
从授权管理到授信管理

从赋能到赋值

赋能这个词现在已经成为炙手可热的商业词汇了。

国内最早提出"赋能"的是阿里巴巴总参谋长曾鸣。当阿里巴巴集团第一次提出新商业文明的时候,他开始意识到了一个问题,就是阿里巴巴虽然在试图建设互联网的商业新模式,但是他们的组织方式却依然是工业时代最传统的公司制度。

于是,曾鸣提出了:"未来组织最重要的原则已经越来越清楚,那就是赋能,而不再是管理或者激励。"

那么,到底什么是赋能呢?

赋能就是组织要通过各种手段让自己的成员具备更大的能力,去完成任务。

与之相对的"赋值",则是指组织要通过各种方式把组织所遵循、倡导的价值观赋予员工。

赋能与赋值之间有什么区别和联系呢?

实际上,赋能和赋值是处于两个不同层面的东西。赋能对应的是怎样做(how to do),而赋值对应的是为什么做(why to do)。

从目前的组织内状况来看,赋能的作用是被严重高估了。如果员工被正确赋值,组织其实并不太需要操心赋能的事情。一旦员工知道了为什么要这样做,就会动力十足,他就会自己想方设法地提升能力,去解决怎么做的问题。

本书作者陈泓希就有过一次堪称历险的自我赋能的经历。

当时是 2017 年,刚刚 16 岁的陈泓希在美国上 9 年级。3 月份的时候,学校放春假,组织了一个到意大利的游学团,由学校的历史老师带队。陈泓希参加了这个游学团。当她和老师同学们结束了多姿多彩的意大利留学之旅,

玩娱授权
从授权管理到授信管理

来到罗马的费尤米西诺机场,准备乘飞机返回美国的学校时,意外发生了……

我们在值机柜台前排成一队办理值机手续,前面的同学们一个个都很顺利地办完了。轮到我的时候,我把护照递给了工作人员,没想到几秒钟后,她把护照递还给了我,我正在纳闷办理速度怎么这么快。她却对我说:"对不起,我没法给你办理登机。"

我急忙问她为什么。工作人员告诉我:"你的护照有效期不足6个月,所以你不能进入美国。"

我仔细看了看我的护照,有效期确实只有五个月了。后来我才知道,世界上多数国家都有一个规定,不接受护照有效期不足六个月的人入境。但偏偏意大利的规定比其他国家都宽松,护照有效期只要够三个月就可以入境。所以,当初我办理意大利旅游签证的时候,非常顺利,并没有发现这个问题。

那一瞬间,说实话,我顿时蒙了,如果我不能回美国,那我该怎么办呢?还怎么上学啊?

这个时候,老师和同学们的值机陆续都办好了,大家围着我想办法。带队的老师有三位,其中一位在结束意大利之行后,马上飞去了希腊度假;剩下的这两位老师,其中一位就是我的历史老师,她们俩从来没有在国外遇到过这种特殊的情况,手足无措,看上去好像比我还慌张。

有个同学建议我去找中国驻意大利的使领馆办理临时护照,然后改签机票。可是,使领馆无人接听电话,因为当天正好是星期六。即使这个方法可行,那我也需要等到周一。可是,我才刚刚16周岁,还是一名未成年人,如果没有监护人,是不能独自一个人在意大利的旅馆住宿的。

就在大家七嘴八舌地帮我想办法的时候,距离航班起飞的时间已经很接近了,最后一次催促登机的广播又响了起来,我听到的全是我的老师和同学们的名字。我其实特别希望老师能够留下来帮我一起想办法,但是两位老师都说她们要照顾大部队,毕竟团队不是只有我一个人,还有另外十几个同学。

第二章
从授权管理到授信管理

这时，我又听到机场广播提示一个飞回中国的航班，我顿时知道我该怎么做了！我要飞回中国，这是最好的办法，也是唯一的办法！

历史老师听了我的想法，眼睛都亮了，她表示完全赞同我的想法，然后就急匆匆地冲向了登机口。

看着老师和同学们远去的身影，孤独、恐惧、无奈这些情绪全都涌上了我的心头。但是我知道，我必须独自一个人来面对接下来的一切。

事后我爸爸告诉我，这位老师没有留下来帮我处理好后续的事情，可能是涉嫌违法的。因为在学校组织这次意大利之行之前，我的爸妈通过公证机关的公证和意大利驻上海使领馆认证，将我的监护权临时授予了这位历史老师。此时此刻，她把未成年的我一个人留在机场，明显是未尽到临时监护人的责任。

我马上去购买最早的飞回中国的机票。幸运的是，我卡里的钱刚刚够买一张荷兰皇家航空的机票，不过行程分为两段，要先从罗马飞到阿姆斯特丹，然后在阿姆斯特丹转乘另外一个航班，再飞到上海浦东机场。

在这个意外发生之前，我从来没有过单独一个人出行的经历。我是2016年8月底去美国读书的，到2017年3月，我在国外生活的时间只有半年。去美国的时候，是爸妈送我过去的。其间圣诞节回国一趟，是和同学们一起回来的。在国内的时候，无论是坐飞机还是乘高铁，都有人与我同行。此前，无论发生了什么紧急状况，我都有爸妈可以依赖。他们为我解决了一切困难。但是，当时爸妈远在万里之外，根本没办法帮我。

所以，可以说，当我在罗马被拒绝值机的时候，我没有任何独立处理紧急状况的能力。

在这一起意外事件发生的时候，并没有什么人为陈泓希赋能，也没有人告诉她应该怎样为自己赋能。但陈泓希很清楚自己要做的是什么，那就是平安飞回中国，然后处理好护照的事情，再飞回美国。她也知道为什么要这样做（Know-why）。最后的结果是她经过20多个小时的长途飞行，顺利地回到

玩娱授权
从授权管理到授信管理

了上海。

在写这本书的时候，陈泓希复盘了整个过程中自己的一些行为，她发现，对一个人来说，能力其实不是最重要的，真正重要的是潜力。每个人身上都具备很多尚未被发掘的巨大潜力。面临危机事件的时候，这些潜力往往会自动转化为足以应对危机的能力。这可以被称之为"自我赋能"或者"自动赋能"。

这一路上，我知道自己不容有失。为了确保能和家人随时保持联系，以免他们担心，我必须确保手机全程有电。平时，我也像其他00后一样，很喜欢玩手机游戏，但在这个过程中，我控制住了自己，坚决不玩游戏。而且，在罗马和阿姆斯特丹机场候机的时候，我第一时间就去找充电插座，给手机充电。

在阿姆斯特丹中转候机大概要七八个小时，我努力不让自己睡着。这其实是挺困难的，我从美国到意大利，时差还没完全倒过来，经常会想要睡觉。但我知道，绝不能因为困得睡着了而耽误了在阿姆斯特丹的转机，所以就想方设法地让自己保持清醒。

陈泓希的这些自我管理行为，完全体现出了一个成年人的自控与成熟。这和她当时的年龄不符，和她的经验不符，但她却超越了大家的预期，也让自己的能力上升了一个层次。

陈泓希的故事告诉我们，其实每个人都可以做到自我赋能、自动赋能。关键就在于这个人知不知道自己要做什么，以及为什么要做。如果具备了这个前提，怎么做就会由内而外地滋生出来。

可见，和赋值相比，赋能并不是最重要的。赋能，最关键的是要解决主观动力的问题。组织希望赋予员工的能力，是不是员工所希望的呢？如果不是，赋能的效果一定很差。

这一点，可以从很多企业每年花很多培训费，要求员工必须学习，但很多员工却是走过场，装样子看出来。因为他们根本不知道为什么要学，以及

第二章
从授权管理到授信管理

学了对自己有什么用处。

赋值应该是组织对员工所做的最重要的事。赋值就是让员工知道为什么要做，理解了这个最高的准则，员工们就不用生搬硬套"职场说明书"了，而是可以无师自通、随机应变，做出最正确的选择。

被誉为"医学圣地"的梅奥诊所是世界上最大的私人医疗机构，成立100多年来，它从来不为自己打广告，但它的顾客上至总统王室，下至平民百姓，均对梅奥诊所赞不绝口。

梅奥诊所的组织价值观就是"以患者为中心""患者需求至上"。对于新员工的赋值，是梅奥诊所的重中之重。

罗伯特·布莱汉姆是杰克逊维尔市梅奥诊所的行政管理会主席，他说："在入职培训的5分钟之内，新员工就会听到这一价值观，因为我就是从这一点开始讲起的。"随后，新员工们开始观看有关梅奥诊所传统的影片。

曾经负责梅奥诊所人力资源工作的克里·奥尔森医生说："在过去的十年里，诊所的发展非常迅速，我们担心那些没有在梅奥诊所接受过培训的新医师可能无法理解使梅奥诊所获得成功的那些运行方式和价值观。所以，我们认为保持梅奥诊所独特风格的关键是核心的价值观传承和贤明的顾问指导。只有这样，才可以使梅奥诊所独特而宝贵的医疗护理模式延续下来。"

亚利桑那州梅奥诊所的人力资源部长马修·麦克埃尔雷斯曾经生病住进了自家医院的重症监护室。亚利桑那梅奥诊所的CEO特拉斯特克医生刚刚从梅奥诊所总部所在的罗切斯特返回。在得知马修生病住院的消息后，特拉斯特克医生马上带着夫人，亲自到病房来探望。

当时，马修正在睡觉。护士为了让马修好好休息，竟然把特拉斯特克医生和夫人挡在了门外。

事后，护士很过意不去地把这件事告诉了马修。但她自己和马修都认为：她做得对！

显然，这是一个被"患者需求至上"百分百赋值了的护士。

在这个故事中，特拉斯特克医生是亚利桑那州梅奥诊所的CEO，马修是

玩娱授权
从授权管理到授信管理

他的得力下属。从职位等级来说，这位护士是级别最低的一线员工。但是，当马修生病住院时，在护士的眼里，他不再是医院的人力资源部长，而是一位患者；而特拉斯特克医生也不再是 CEO，而是前来探访病人的人。根据"患者需求至上"的原则，病人马修最需要的就是好好休息。所以，护士毫不犹豫地将自己的大老板拒之门外。

这难道不是最正确的选择吗？

由此可见，梅奥诊所的价值观确实已经深入到了员工的骨髓之中。在这个世界上，难道还有第二家医院的护士敢于为了患者的利益而无视院长的权威吗？

赋值，是在将价值观赋予员工的同时，也将无限责任赋予他们。一旦员工有了为满足顾客需求而承担无限责任的意识，赋能就不成问题了。

在梅奥诊所，员工基于赋值的无限责任意识体现在一项"加一制度"上。

"加一制度"是指，当遇到一名病情恶化、身处险境的患者时，任何一名员工都可以向控制链中的另一名员工咨询满足患者需要的信息。通常，"另一名员工"是指主管或者经理，有时候也可以是同等级的员工。比如，即便是在深夜两点，一起工作的护士也可以快速决定是否应当打电话叫醒一名值班的医生。又比如，如果一名护理人员觉得自己对患者的观察和其他人有所不同，他就可以直接借助"加一制度"来确定对患者最有利的措施。

任何护理者，包括护士、医疗技师和医师，都可以采用"加一制度"来确保患者的需求得到及时有效的满足。

著名的视频游戏和娱乐软件开发商 VALVE 是这样给自己的员工赋值的：

不要相信别人有权干涉您要做出的决定。不过，他们很可能拥有值得您借鉴的经验，有您没有掌握的信息资料，或者有一些新的洞见。在考虑最后的成果输出时，其他人谁都不是"利害干系人"，您才是，只有您是！VAVLE 公司的客户才是您的服务对象，只要是对他们有好处的事，您都可以去做。

只要是对客户有好处的事，您都可以去做。这是多么棒的价值观啊！而

第二章
从授权管理到授信管理

且,这里面的措辞也特别值得我们关注。VALVE用"您"来称呼自己的员工,透出来的是对员工发自内心的尊重。信任加尊重,这不正是组织管理专家迈克尔·布什提出的让员工快乐工作的第一个秘诀吗?

在很多时候,因为正确赋值而激发出来的无限责任意识,往往可以创造为顾客服务的奇迹。

在这个方面,本书作者陈禹安也有过一次独特的经历。

2018年5月26日是星期六,这天上午我在家里待着。我母亲刚好在我家里住了几天,前一天我弟弟来接她,准备这天回去。忽然手机"叮"地响了一声,是有人在给我发微信。我打开手机一看,顿时吓了一大跳。

这条微信是这样写的:"陈老师您好,我现在从扬州出发,到镇江站接您,到时在出站口等您。我的电话是……"

联系我的是雅戈尔扬州片区的负责人梅总。我立即在手机上翻日历,这个活动不是明天举行吗?为什么会是今天就在镇江接我呢?会不会是他们搞错日期了。

但很快我就明白了,他们没有搞错日期,是我记错了。

原来,这是雅戈尔公司的系列客户服务活动,这一站是邀请我去扬州的雅戈尔旗舰店做一次现场讲座。时间就定在5月26日(星期六)的下午两点。但我不知为什么,记成了是星期天举行的。

我急忙查了一下他们给我定的票,是今天上午8点11分从杭州东站出发,到镇江站的G7372次高铁。因为杭州当时没有直接到扬州的高铁,所以要到相距不远的镇江下车,再由雅戈尔的人开车接我去扬州。

当那条微信跳出来的时候,已经是9点36分了,这意味着我本该乘坐的高铁已经开走1个多小时了,而我还在无所事事地在家待着。

搞明白是我的失误后,我的整个状态都被激活了,在那一刻,我心里有一个坚定的念头,就是一定要想办法赶到现场,否则他们精心准备了两个星期的活动就会因为我的原因而搞砸!

玩娱授权
从授权管理到授信管理

再买一趟高铁行不行？查了一下，发现杭州到镇江的车次也很少，能够买到票的，时间不符合。

我马上又想到自己开车去，但查了一下高德导航，全程约300公里，需要4个多小时。这是在一切顺利的情况，而活动的开始时间是下午2点，只要路上稍微拥堵一下，就会耽误。而且，一路上我没有时间吃饭，急匆匆赶到现场，精疲力竭，讲座效果也没法保证。这个方案不可行。

这时已经快10点了，我弟弟已经了解了事情的原委了。他出行经验比较丰富，很冷静地给了我一个提议：可以走高铁到南京南站，让对方到南京来接。

这个提议一下子丰富了选择空间，杭州到南京的车次很多。但是因为距离开车时间太近，没法在手机上购买，只能到高铁站现场购买。

我太太刚刚开车出门，我一个电话把她叫了回来，让她送我去离家最近的地铁站。这是最快赶到高铁站的方法。

很快，我就上了地铁，然后到了高铁站，买到了G7670次高铁最后两张商务座中的一张。

G7670次高铁是11:14从杭州出发，到达南京南站是12:45。买好票之后，我马上告知梅总，让他改道到南京南站接我。

等我从高铁站出来，已经快下午1点钟了。梅总开车，载着我，一路疾驰，非常顺利。但进入扬州市区的时候，却遇到了拥堵。但好在雅戈尔的旗舰店已经近在咫尺了，我们也没有慌乱。

最后，等我走进会场的时候，是两点零五分，只比原定时间晚了5分钟。对于一个现场活动来说，晚5分钟是很正常的。所以，这可以说是一个小小的奇迹了。

事实上，这几乎是一个不可能完成的任务。在错过了第一趟高铁后，剩下的时间已经不到4个小时了。路上的任意一个环节，以及汽车——地铁——高铁——汽车这几个环节的衔接，稍有闪失，就不可能如期到达。而

第二章
从授权管理到授信管理

扬州的梅总在得知我误车的情况后，已经紧急邀请扬州大学的一位教授做好救场的准备了。

在这一事件中，驱动着我竭尽全力的就是我的价值观——承诺客户的事情一定要做到！说实话，我从来没有分心想过要放弃，尽管放弃在当时看起来是最合理的结果。

迪斯尼创始人沃尔特的哥哥罗伊·迪斯尼说："一旦价值观确定了，决策也就变得容易了。"价值观也就是 Know-why：为什么而做，决策就是 Know-how：如何去做。

事后分析，我不愿意看到雅戈尔因为我的失误而导致活动受影响，那一刻，我承担的就是无限责任。当你心里存着无限责任的意念，就会去尝试任何可能的解决方案。而当你自己的能力不足以支撑解决方案的时候，你就会毫不犹豫地寻求外界的助力。

在整个过程中，我的弟弟、我的太太、高铁站的售票员、雅戈尔的梅总，都起到了很关键的赋能作用。但赋能之前，始终是赋值。如果没有价值观的支撑，是不可能勇往直前、发挥无限潜能的。

正确的赋值，还能解决传统的授权管理模式下的各自为战、相互推诿的组织疑难杂症。

日本的清洁女神新津春子在东京羽田机场从事清扫工作20多年，后来在2016年被评为日本"国宝级匠人"。一份看上去没有什么技术含量的保洁工作，竟然在新津春子坚持不懈的努力下，被评价为"远远超越了保洁工的范畴，而是在干技术活"。春子本人甚至被当红综艺节目《全世界最想上的课》、主流新闻节目《NEWS ZERO》等邀请做嘉宾，成为日本家喻户晓的明星。NHK电视台还专门为她拍摄了《PROFESSIONAL 工作流派》专辑。

新津春子对80多种清洁剂的使用方法倒背如流，也能够快速分析污渍产生的原因和组成成分。

有一次，她应邀去一户家庭解决浴室地砖勾缝里一直都除不掉的灰色霉

玩娱授权
从授权管理到授信管理

迹。她看后,将水与醋按照 3:1 的比例兑好,放进喷雾瓶喷湿地面,然后铺上纸巾再喷一次,浸泡 10 分钟后,用硬刷配合市面上贩卖的浴室洗剂刷洗。最后,地砖和勾缝果然一起恢复了原色。

在 NHK 拍摄的《PROFESSIONAL 工作流派》专辑中,记录了新津春子处理不锈钢饮水台的过程。饮水台上附着的漂白粉必须利用强酸洗液祛除。但如果强酸停留的时间过长,则可能导致腐蚀,反而使不锈钢失去光泽。新津春子能掌握最佳时间,在溶解漂白粉的同时,迅速冲掉强酸洗液,让饮水台恢复以往锃亮的光泽。

但这些还都属于"怎么去做"的范畴,新津春子真正让人佩服的是她的价值观。她说:"成田机场不同的区域是分包给不同的清洁公司的,比如 A 区是别的公司的,我们负责 B 区。但是,如果客人在 A 区遇到问题,而我正好在场的话,我也会马上处理。为什么呢?因为区域虽然各是各的,但是客人是我们大家的啊!"

这一句"客人是我们大家的",就是"为什么去做"的范畴,也是新津春子的价值观底色。正是因为新津春子拥有这样的价值观,她才会数十年如一日地精心研磨保洁技术,把普普通通的清扫变成了值得尊敬的手艺。

逆商理论的提出者保罗·史托兹博士曾经为宝洁、玛氏、微软、亚马逊、西门子、德勤等大企业提供过咨询服务,他也从另一个角度提到了组织价值观的重要性。他说:"如果你的组织所追求的就是赚钱,那么,'你做什么'和'你怎么做'之间就没有什么差别。"

这两者之所以没有区别,是因为"为何去做"(Why to do)只是为了赚钱,而企业的价值观就是赚钱。

总体来说,仅仅对员工赋能,还属于授权管理;而赋值先于赋能,赋值之后再赋能,则属于授信管理。赋能解决的是有限责任的问题。组织对员工赋能,是为了解决某个固定的问题。而赋值,解决的是无限责任的问题。被正确赋值的员工,为了解决问题,可以挣脱一切限制,不达目的誓不罢休。

第二章
从授权管理到授信管理

对于想要赢得未来的企业来说,赋值的重要性和作用再怎么强调都不过分。四季酒店创始人伊萨多·夏普(Isadore Sharp)的这句话,"许多长期的成功都基于无形资产:信仰和理念",值得我们反复品味。

授权管理的隐形成本

接下来,我们再从成本的角度来看授权管理与授信管理之间的区别。

授权管理模式严格规定了组织中每个人的岗位与职责,其中很大的一个考虑就是出于严格控制成本的目的。但是,授权管理模式在实际运作中却存在着很多不易觉察的隐形成本。

FAVI是一家法国的家族企业,主要生产铜制的汽车配件,属于非常传统的制造业。但在拥有了一位锐意变革的CEO佐布里斯特之后,很早就有先见之明地实行了授信管理。

佐布里斯特刚刚上任的时候,有一天路过储藏室,看见一位叫作阿尔弗雷德的员工正在门窗紧闭的储藏室前等候。

佐布里斯特问他在等什么。阿尔弗雷德指了指手中拿着的磨坏了的手套,回答说:"我来这里换一副手套,我带了我们主管开的单子。"

这件事引发了佐布里斯特的思考,他随后了解到了工人更换手套的整个流程。

工人的手套磨坏了之后,需要给车间主管过目检查,然后主管会给他开具一张更换单。工人拿着单子,在去储藏室的路上,可能会和碰到的人闲聊几句,或者去上一趟卫生间,然后去储藏室敲门,向库管员出示旧手套和更换单。库管员核实后,把新手套给工人。这个过程平均需要十分钟,而且还有一个前提是,库管员在岗并马上开门办理。像阿尔弗雷德这次的情况,库管员不在岗,整个时间就会超过10分钟。

佐布里斯特找来会计部门,计算出阿尔弗雷德负责操作的设备每运转一

玩娱授权
从授权管理到授信管理

个小时创造的价值大概是 100 美元。那么，他为了更换手套而付出的时间就相当于产生了超过 15 美元的损失，而一副手套却根本不值这么多钱。

为什么要对更换手套进行这么严格的流程化管理呢？

在授权管理模式下，组织内的所有人都会特别注重流程化。因为，流程化将每个岗位链接在一起，并为员工的行为提供合法性支持。那些被授予了部分权限的各级员工，会牢牢把住自己的那部分权力，因为一个人的组织自尊心就建立在他人对这份权力的尊重上。比如，那个库管员纯粹就是为了物品发放权而拥有存在感和价值感的。

但是，这样的流程化会直接扼杀做事情的本质。

佐布里斯特用同样的思路，发现了 FAVI 工厂里存在着太多类似于"手套悖论"的伪节约现象。

比如，车间里夏季供应的免费咖啡。员工需要向机器投币才能喝到免费咖啡，而且需要到前台接待员那里领专用币，这使得员工花在路上的时间更多。如果每位员工平均要花两三分钟取到一杯咖啡，那么，一杯咖啡给公司带来的真实成本是公司所提供咖啡的成本的 100 倍。

佐布里斯特透过现象看本质，终于发现了传统的授权管理可怕的弊端所在。这个洞察也坚定了他要将企业向着授信管理方向转变的决心。

在另一家实行授信管理模式的企业——巴西的 SEMCO 公司里，公司的所有者里卡多·塞姆勒也发现了类似的荒谬现象。

为了在企业中推行授信管理，塞姆勒向他的经理们展示了一个例子。

塞姆勒拿出一本《哈佛商业评论》，找出上面一篇 10 页长的文章，然后想把这篇文章给隔壁办公室的人力资源总监克洛维斯看。这件事看似非常简单，但是整个流程一经剖析，却十分令人震惊。

首先，塞姆勒要把杂志交给自己的秘书，让她复印一份。秘书复印好了之后，拿回给塞姆勒，塞姆勒要在上面写上一段简短的评语，再让秘书去送给克洛维斯。

按照公司的流程规定，由于这篇文章比较长，所以必须先送到公司的中

第二章
从授权管理到授信管理

心邮件收发室,让一个处理较长文件的职员来复印。中心邮件收发室规定一天只接收两次,分别是上午9:00—10:00,下午4:00—5:00。由于塞姆勒的测试是在上午11:00,所以在头一天的大部分时间里,这篇文章都放在秘书的待发文件篮里。当文章被送到收发室时,那名职员已经下班了。因此直到第二天上午才复印,但这又错过了上午接收的时机,所以文章又在收发室里待了大半天。

最后,这篇文章总共花了22个工作小时才从塞姆勒的办公室送到隔壁办公室的克洛维斯手中。

而事实上,塞姆勒和克洛维斯两人相距不过几米路。如果塞姆勒直接走过去,推开克洛维斯的门,只要几分钟就可以搞定这件事。

正如我们在前面所说的,授权管理模式的本质是控制,而控制的背后是不信任。授权管理的隐形成本,基本就是由于对人的不信任造成的。

在一切人际关系中,越是不信任,就越是会强化防范,最后就会把一切希望寄托在制度化和流程化上面。而制度和流程一经制定,自然就会向着僵化的方向演进,就会像两条粗绳子一样,将组织内的人五花大绑,剥夺他们的自由与活力,进而剥夺他们的人性。

所以,即便不从文化和人性的角度,而是从成本与利益的角度来看,授权管理也一定会让位于授信管理。我们之所以用上述两个看似正常、实则荒谬的例子来揭示授权管理的隐形成本,就是希望组织的领导者们认识到这一点。

授信管理就是要削减掉这些由于不信任而产生的隐形成本,实现组织内部人际关系从"控制与被控制"向"信任与被信任"转变。

从授权管理到授信管理

在授权管理模式下,员工在本质上就变成了机器的延伸、工具的化身;而在授信管理模式下,员工本质上是完整的人。但这不是一种进步,而是一种恢复,是对先前被异化的恢复。

日本企业管理专家柴田昌治曾经写道:"只要一命令就行动的'工具',根本没有拥有主观能动性的必要性。工具原本就不需要有人的热情,就算完全无视主观能动性,也不会有什么影响。"

在授权管理模式下,亨利·福特雇佣的那双手只能做他指定的事情。一个人如果只是被当作一双手来看待,是绝不会有什么主观能动性的,也不会有什么创造力。而在授信管理模式下,组织雇佣的是一个完整的人,他的这双手只是身体的一部分,可以在他自己的大脑的统领下尝试各种各样的事务,发挥无限的价值。

要特别指出的是,授权管理下的时间和授信管理下的时间是不一样的。

公司如果是为员工的时间付工资,员工就有可能耍滑偷懒,只要把时间耗过去就可以了。但是如果公司是为员工的结果付工资,就没有必要严格约束员工的上下班时间,完全可以采取灵活弹性的上班制度,让员工自己控制上下班的时间。如果他们愿意和孩子一起共进早餐,送孩子上学后再来到公司,那么他们就可以这么做。前提是他们需要协调好自己与团队关联成员的工作进程,并最终准时拿出应该交付的结果。

视频游戏和娱乐软件开发商 VALVE 的员工手册的开头部分是这样写的:

等级制有助于保持可预测性和可重复性。它使计划变得简单,便于自上而下地控制人员众多的庞大组织,军事组织就严重依赖于这种等级制度。

但是,一家娱乐公司花 10 年时间不遗余力地在全球招募最聪明、最有创新性、最有才华的人才,如果让这些人才乖乖地坐在办公桌旁边按照指令做事,就会把他们 99% 的价值埋没掉。我们需要创新者,这意味着我们必须营造一个有利于人才蓬勃发展的环境。

里卡多·塞姆勒也指出,在 SEMCO 公司,我们只是不相信我们的员工愿意来得晚,走得早,不相信他们为了挣上钱而会尽可能少地干活。相反,我们信任他们。当他们要去洗手间时,不必要求得到准许;当他们离开公司时,

第二章
从授权管理到授信管理

也没有保安检查他们。我们为他们让出道路，让他们去做自己的工作。

传统的组织和领导者们挡住员工自由发展的道路已经很久了，现在是时候为员工们创造一个有利于他们蓬勃发展的环境了。

但是，我们也不得不承认，因为员工不被信任已经很久了，所以让他们相信并接受从授权管理到授信管理的转变确实不容易。

比如，里卡多·塞姆勒认识到，在工厂内实行灵活弹性的工作时间就是在表明企业是在为工人的劳动成果支付工资，并不是为表面上的时间付出支付工资。如果员工在上午八点准时上班，下午五点准时下班，但在这段时间内他的工作效率却很低，那又有什么用呢？塞姆勒由此决定，采取灵活工作时间，每名员工一天的工作时间仍然是八个小时，但他们可以在上午七点到九点之间的任何时间来到工厂，从他们实际开始工作后开始计时，然后在干满八个小时后离开。员工们到达工厂后，可以到餐厅吃早餐、喝咖啡，或者读读报纸，然后开始换班工作。这样的做法给了员工很大的自由度。但是，作为员工权益代表的工会组织却坐不住了。他们不相信老板会是出于好心而允许工人们自主管理自己的工作时间，于是放言说："我们不知道这到底是怎么回事，但这里面肯定有鬼。"工会组织甚至还说："小心点，同事们！老板们不会做任何对工人有好处的事情！"

这样的论调在刚开始的时候，确实影响到了员工对于授信管理的信任度，所以塞姆勒的企业花了不少时间才让工人们欢心悦纳这项对他们真正有好处的全新制度安排。

又如，位于加利福尼亚中部圣伊内斯谷的海烟酒庄是另一家采取授信管理模式的企业。它的创建者鲍勃·戴维斯对员工说："我没有酿酒技术，但我会提供工具，并锻炼你的能力，以此酿出人类能力范围内最佳的葡萄酒。（为了这个目标，你们可以做任何决定），这样你就不会有任何借口跑来跟我说：'如果你当时允许我这样做的话，我就会做得更好。'"

鲍勃一年只在酒庄待一个月，剩余的时间都用于自己的全球度假。他的唯一愿景就是在自己的葡萄园里酿出"人类能力范围内最好的黑比诺葡萄酒"。为此，他找来顶尖的葡萄酒专家，充分信任他们，但是这些葡萄酒专家有时候却表现得不敢接受这充分的信任。

在黑比诺葡萄酒投产几年后，鲍勃提出，将葡萄园里一块不适合种植黑比诺葡萄的土地用来种植夏敦埃白葡萄，然后酿成夏敦埃白葡萄酒作为免费酒赠送给客户，以促进核心产品黑比诺葡萄酒。

有一次，鲍勃偶然来到酒庄，看到助理酿酒师凯蒂·肯尼森正在将一排旧的橡木桶往外推。鲍勃问她在干什么。凯蒂回答说："我们要做夏敦埃酒。"

鲍勃惊讶地说："我以为我们用的是全新的酒桶。"

凯蒂解释说："不，我们今年要把夏敦埃酒放在旧桶里，这样可以节省成本。"

鲍勃把总酿酒师库兰叫了过来，对她说："我以为我们一直在用新的橡木桶。"

库兰说："不，我不会用新的橡木桶来装免费的葡萄酒。如果是我自己掏腰包，我甚至还会用不锈钢桶。"

采用不锈钢桶是更省钱的做法，一般用在廉价的葡萄酒上。

鲍勃问："我让你帮我省钱了吗？"

库兰尴尬地回答说："没有。"

鲍勃说："什么样的酒桶能够酿出品质最优的夏敦埃酒？你自己选。"然后就离开了。

后来，海烟酒庄的这款免费酒采用了最好的全新橡木桶。

这个故事非常生动地揭示了员工对于授信管理的不习惯。库兰和凯蒂为什么会主动帮老板省钱呢？

因为她们并没有完全相信老板对最高品质的追求是真的，而且完全相信她们可以做到最好。她们担心自己用最好的设备会让老板心疼，所以自作主张地采用了旧的橡木桶来装酒，以免日后挨老板批评。

所以，企业在向授信管理转型的时候，必须反复对员工赋值，让他们知道为什么要做（Know-why），在进程中让员工感受组织对自己的信任。

第二章
从授权管理到授信管理

在这里，我们用表格形式，详细列出授权管理和授信管理的区别，以便于大家对照了解，指导实践（见表2-1）。

表2-1 授权管理与授信管理的对比

		授权管理（Mustness）	授信管理（Trustness）
1	指导思想	工具思维	玩具思维
2	责任性质	有限责任	无限责任
3	自由幅度	基于上级命令的受限自由	基于组织价值观的充分自由
4	认知层次	知道如何去做	知道为什么去做
5	挑战性质	确定性	不确定性
6	方法导向	赋能	赋值
7	目标导向	维稳	维新
8	手段导向	控制	信任
9	成本性质	隐形成本	透明成本
10	行为性质	被动	主动
11	反应灵敏度	僵化	灵活
12	员工素质要求	注重能力	注重潜力
13	员工身心状态	防御状态	玩娱状态
14	纠错性质	被动纠错	自我纠错
15	岗位边界	边界清晰	边界模糊
16	领导者职能	发号施令	互动服务

根据这张表格，我们可以来看一个新近发生的现实案例。

2019年3月15日，国际消费者权益日期间，知名餐饮企业、行业标杆"西贝莜面村"南京店被媒体曝光了存在着多项卫生不合格问题。这是一家很有责任感且勇于担当的企业，他们立即向公众道歉，同时火速拿出了具体的整改意见。

西贝莜面村在官方微博这样声明：

对于暴露出来的卫生问题，我们深感抱歉和惭愧。干净卫生是餐饮的本分，我们却连这点都没有做好，对不起。针对这些问题，我们3月16日下午启动了名为"316突击改进"的行动，结合近期餐饮行业报道中的类似问题，从餐具清洁、抹布墩布使用、员工操作行为、穿戴、蔬菜清洗、异物防范等十二个方面进行进一步的标准强化及执行。

报道中盘子上的食物残渣，成分是黄米凉糕。当使用每家门店配置的洗碗机消毒时，这种瓷质餐盘表面的釉被摩擦清洗掉，出现了食物残渣渗透残留的情况。我们已启动名为"最后看一眼"行动，洗碗间增加专人，在洗碗后逐一检查，不干净的重新清洗，不留残渣。不合格的餐具直接汰换。

......

总之，最核心的问题，是我们的管理和措施没有执行到位，人员培训没有将意识落实成行为，这是我们需要深刻反省和改善的。感谢媒体和监管机构的关注，我们一定整改到位，不让一直支持我们的消费者失望，不辜负广大消费者对我们的厚爱。

即日起，我们全国所有门店的厨房和洗碗间，保持开放。欢迎大家到店，在门店工作人员的引导下参观和监督。

我们再来看他们所谓的"316突击改进"的具体措施：

1. 看报道

每日每次岗会，观看近期多个餐饮行业食品安全问题报道和西贝莜面村曝光新闻。看后每人发表个人感想，分享自己的行动改善措施。

2. 看视频

每日每次岗会，观看异物防控小视频。

3. 看餐具

(1) 确认流程无误。专人负责：洗碗伙伴依照操作流程、步骤，逐一核对是否正确操作了。

(2) 再看一眼。所有餐具、饮具洗后再看一眼，有食品残渣要重新洗。把"再看一眼"加入流程。

(3) 最后看一眼。所有餐具、饮具摆台前再看最后一眼，有食品残渣要重新洗。

(4) 排查破损：餐具、饮具有破损、划痕、洗不净油渍的废弃。

4. 使抹布

白、蓝、红毛巾专位放置或挂放，位置顺手，临用临取，用后务必放回原处。杜绝擦手！

5. 洗墩布

清洁工具（墩布、扫帚）的清洗必须使用专用容器，杜绝与食品用工具和容器混淆。

6. 不上台

不得踩、坐和跨越任何操作台。

7. 穿鞋套

打扫高处卫生时，如果不能使用梯子，必须穿鞋套方可蹬操作台或灶台，蹬后必须擦洗。

8. 无过期

（1）杜绝过期食品，排查库房、冰箱、操作台等所有存放的食品，过期食品必须废弃，临期食品做出特殊标志，尽快使用。

（2）原料进货，不接收消耗库存的临期食品。

9. 洗蔬菜

门店清洗的蔬菜，必须洗净，洗后看最后一眼，检查是否有异物。

10. 防异物

（1）严格执行异物防控措施。针对原有的7项异物，务必制定防控措施并严格实施。（7项异物包括：①头发②蛋壳③沙石④塑料⑤锡纸⑥线条⑦食物残渣）

（2）奖励：对发现异物的伙伴进行奖励。

11. 看一眼

严格执行"最后看你一眼"的行动，依据视频程序执行。

12. 大扫除

每日开展后厨、前厅扫除。

重点：日常不易清洁的卫生死角！如发现鼠痕、鼠迹、蟑螂、蚂蚁等，立即联系第三方虫害消杀公司，进行彻底处理。

西贝莜面村的态度是非常诚恳的，整改措施也非常细化，但是他们真的能做到声明中所说的"整改到位"、永不再犯吗？

实际上，对照上面这张表格，你会发现西贝莜面村所有的这些整改措施

第二章
从授权管理到授信管理

全部属于"授权管理"模式，属于知道如何去做的层面，是公司强制要求员工遵循执行的，并没有激发员工的内在动力。如果员工们没有从为什么去做的层面去理解，是不是还有可能在操作层面出问题呢？

西贝莜面村已经是行业标杆企业了，但是他们在了解和理解授信管理上，依然存在着很大的空白。我们之所以一字不落、如此详细地引用西贝莜面村的整改措施，就是想用这个案例做一个警示标本，来特别提醒所有的企业——哪怕你把如何去做层面的细节抠到了极致，如果缺乏对员工价值观的正确赋值，也还是有可能在经营服务中出问题。为什么不让员工知道为什么要这样做，充分信任他们，让他们随机应变地解决各种问题呢？

当下的世界充满了不确定性，再卓越的企业，再优秀的管理者，都不可能穷尽所有的服务场景而事先提供详尽完美的解决方案。要想在 VUCA 的世界里生存发展，就必须实施授信管理，充分信任员工，激发他们的主观能动性，让每一名员工都具备在正确价值观指引下的灵活应变能力，调动组织内外一切有助于解决问题的资源来愉悦顾客。

在本书写作时，我们又看到了另一条引发商界震动的消息。

国内的互联网巨无霸企业腾讯公司开始了企业历史上第三次重大组织架构调整，大约 10% 的中层干部在裁撤之列。腾讯的中层干部主要包括助理总经理、副总经理、总经理级别的员工，甚至一些副总裁也被认为属于这个范围。这么多高级别的管理人员集中离开腾讯，而且其中很多都是司龄十几年的老员工，"是腾讯历史上绝无仅有的"。

腾讯作为全球范围内的互联网领先企业，为什么要对自己的组织架构做如此大的调整呢？

据媒体报道，这个决定直接来自于腾讯的最高管理层——总办战略会。

据说，腾讯创始人、CEO 马化腾在架构调整前的香港战略会上曾向总办同事提问："腾讯一两千个总监级干部里，30 岁以下的有多少？"

答案是不到 10 人。

这是多么可怕的数字啊！

玩娱授权
从授权管理到授信管理

　　横亘在年长者与年轻人之间的年龄鸿沟，很可能成为企业瞬间崩盘的商业鸿沟！

　　于是，腾讯毫不犹豫地开始了这场前所未有的裁撤中层干部，为年轻人腾位置的组织大变革。

　　腾讯这场组织变革的核心要点在于为年轻人腾位置。正如我们在前面所说的，只有年轻人才懂年轻人，顾客的"00后化"趋势已经非常明显了。腾讯旗下的微信和QQ作为年轻人深度使用的互联网产品，其汇集的大数据也许充分显示了这一大趋势。

　　腾讯也许还没有完全直观洞察到授信管理的形式、内涵及作用，但是他们捕捉到了以00后为极致代表的年轻世代的特质变迁。

　　未来是属于年轻人的，未来是属于00后的，即便像腾讯这样盘踞在商业食物链顶端的巨无霸企业，也不得不顺从这个大趋势。那么，从授权管理到授信管理的模式转变，也就是所有企业不得不直面的现实挑战。

　　腾讯已经先行一步，为未来探路了，那么你呢？你的企业将何去何从？

第三章
玩娱授权的构成及驱动力

玩娱授权
从授权管理到授信管理

玩娱授权的目的是让员工为顾客的即刻需求承担无限责任，在自己力所能及的范围解决顾客的问题。为了达到这个目的，组织就需要赋予员工基于组织价值观的自由裁量权。

当意料之外的顾客需求出现的时候，正在接触点上的那位员工瞬间就拥有了充足的权力，可调用组织内外所有可能用于为顾客解决问题的资源。

玩娱授权下的这个充足的权力，并不是传统意义上的授权。传统意义上的授权有着明确的限制，从而也是固定的，甚至是僵化的。而玩娱授权下的充足权力，却是动态的、自适应的，可根据即时即刻顾客所需而同步变化。而且，一旦圆满解决了顾客的问题，这项权力也就自动消失了。

玩娱授权不是针对一事一物的具体职能性权力，如审批权、发放权、购买权，而是基于某种性质的权力。一旦有需要，就适用于与组织相关的任何一事一物。

所以，玩娱授权是应需而生、随需而变的，是其大无边、其小无内的。

那么，玩娱授权下的这项看起来神秘兮兮、充满不确定性的权力到底是怎样的呢？

从性质上，玩娱授权可以被细分为三种权力：知情权、参与权和决策权。只有三权合一，才是真正的玩娱授权。

第三章
玩娱授权的构成及驱动力

知情权

在传统的金字塔组织中，信息即权力。在组织架构上处于上一层级的人，不见得比下一层级的人聪明能干，但却因为掌握了更多的关键信息而在知道为什么去做层面上胜过自己的下属，从而具备了操控下属的可能。

所以，在以控制为主题词的传统组织中，首先要控制的就是信息的流动。最高领导者掌握最多的信息，而底层、一线的员工几乎不掌握什么信息，只能在如何去做层面上埋头苦干。在这样的组织中，重要信息的拥有量和获悉次序，与这个人在组织中的地位重要程度直接成正比。

剥夺员工的知情权，就等于是剥夺了他们所有的权力。若员工被阻隔在关键信息之外，他们会觉得自己是局外人，甚至只是俯首帖耳的机器人。

而在授信管理（即玩娱授权）下，首先要保证的就是信息在组织中的自由流动。要知道，信任的"信"和信息的"信"是同一个"信"。如果你实行授信管理，却不给员工信息，就等于是纸上谈兵、画饼充饥。

员工对于组织内各种关键信息的知情权是十分重视的。当他们拥有了知情权，也就拥有了对组织的归属感，以及初步的控制感。

AES 公司是美国一家以经营电力业务为主的能源公司。这家公司的业务非常传统，但在管理模式上却实行了授信管理。该公司的全体员工都能了解到公司所有的财务数据。

因为 AES 是一家上市公司，根据美国证券交易委员会（SEC）的规定，所有掌握公司财务数据的员工都属于内幕消息知情人士。一般的公司只有五到十个内幕消息人士，而 AES 成千上万名员工全部都属于内幕消息知情人士。这是 SEC 从来也没有遇到过的情况。

根据美国证券法的规定，内幕消息知情人士在内部交易管制期间，是不能进行股票交易的。AES 股票公开上市后不久，公司询问员工是否愿意只接

玩娱授权
从授权管理到授信管理

受有限信息从而脱离内幕人士的身份,以方便及时进行股票交易。

但是,AES 的全体员工宁可自己作为内幕消息人士而导致股票交易受限,也不愿放弃全盘了解公司财务信息的权力。

通过这个案例我们可以知道,身为组织的一员,是多么渴望能够对组织的关键信息拥有知情权啊!

知情,在某种程度上就是存在。对组织信息一无所知的员工,和机器没有什么区别。

所以,实行授信管理的公司,在玩娱授权的时候,首先就要考虑授予员工知情权。

我们来看几个例子。

一般只有上市公司才会在年报中公开企业的销售额和利润额,而且不会详细列示出每家门店的销售业绩和利润。但全食超市(Whole Foods Market)却公开了所有门店的销售数据和利润额,让所有员工都能第一时间了解公司的整体运营状况,以及员工们为各自门店创造的价值。公司每一周都会公布区域的销售业绩,每个月还会给每个门店发送一份详细的销售业绩和利润的分析报告。

1986 年,美国全食超市的创始人约翰·麦基(John Mackey)在建立全食超市 6 年后,就实施了信息开放政策。他最初是为了让员工明白:为什么有些人赚得比你多。如果员工知道哪种表现和成就可以得到更多的报酬,就有可能会提高自己的工作积极性。

在刚开始执行这个政策的时候,麦基经常会遇到员工提问:"为什么你付给这个区域经理这么高的工资,但是只付给我这么一点点?"他通常的解释是:"因为这名员工非常有价值,如果你能完成这名员工所完成的任务,我也会付给你这么多。"

麦基认为,如果要建立一个具有高度信任感的组织,要所有的人都认可你,你就不能有秘密。所以,他希望通过和所有员工分享信息,来树立全体

第三章
玩娱授权的构成及驱动力

员工的共享意识。

在这个开放政策下,员工查看任何一个人上一年的工资和分红都是一件非常容易的事情,当然也包括公司 CEO 的工资。

巴西的 SEMCO 公司在授予员工知情权的路上走得更远。他们专门为全体员工开了一个培训班,来教工人们如何读懂资产负债表、现金流量表以及其他文件。

SEMCO 公司的老板里卡多·塞姆勒认识到,在公司里保留关于工资和利润的各种秘密,通常只会导致员工往坏处想。他曾经在公司里做过一次调查,让员工们回答他们认为公司能够赚多少钱。结果员工们普遍认为公司过度贪婪,拿走了收入的 20%~30% 作为利润。但事实上,大部分公司如果能够赚到 7%~8% 的利润就已经皆大欢喜了。从员工的误解来看,保留秘密非但没有好处,反而是坏处多多。与其这样,为什么不把真相告诉员工呢?

塞姆勒召开了第一次员工代表会议。会议上,员工代表的第一个问题是,公司的高管赚多少钱?

当员工代表们得知高管的年薪是 5 万~10 万美元时,都震惊了,因为当时巴西的最低工资水平一年只有 1500 美元!

这个信息的公开起到了两个作用。首先是公司内拿最低工资和最高工资的员工之间的差距缩小了不少。这让一线员工的公平感得到了一定程度的满足。其次,经理们感受到了压力。如果他们为自己拿到的高薪感到惭愧,就会努力为公司创造价值;如果他们对薪水受之无愧,他们就应很容易证明自己的价值。

这实际上也是让员工知情带来的一个积极影响。

赋予员工知情权不仅仅在企业风平浪静的时候起作用;当企业陷入危机的时候,让员工知晓企业的困境,也有助于激发员工逆风而战的斗志。

2010 年 1 月,日本航空因为负债 2.4 万亿日元而宣告破产。为了拯救日航，日本经营四圣之一的稻盛和夫在 80 多岁的高龄被请出山，以帮助日航复兴。

稻盛和夫提出的一项复兴措施就是让员工看见公司的数字，并且将数字可视化。这样，每一趟航班的飞行员和乘务人员都能够知道自己所执飞的这一趟航班所花费的成本与得到的收益这些数字。

这样做，让飞行员和乘务人员都有了自己是日航主人的感觉，每个人都觉得自己是在为拯救日航而努力工作。这里呈现的就是无限责任意识。这和此前只要做好职责分内的事情，而和大局没有什么关系的有限责任意识是完全不一样的。

日航乘员部时任主席认识到，"加油吧""一定要挽回局势"之类的话语是徒劳无益的。他说："公司破产有各种各样的原因，但其中之一是将公司的经营和飞行员工作分开考虑的思维方式。我曾有过这样一种意识：在日航这个巨大的组织中，我们应该做的就是保证安全并让顾客开心地旅行，而业绩和利润则是经营人员应该考虑的问题。当然，我们也不是完全没有成本意识。但如果说我们是否考虑到了经营状况并带着很强的成本意识在工作，那答案肯定是没有。比如，我曾经想过：为什么自己驾驶的航班都满员了，公司却出现赤字呢？这是因为我所看到的范围很狭窄，我只知道自己航班的情况。"

小川的反思非常到位，但我们也要看到一点，这样的觉悟并不能指望员工自己萌生。如果员工始终缺乏对公司整体数据的知情权，他的反思就是无从说起的，只能越来越陷入"为什么自己驾驶的航班都满员了，公司却出现赤字呢"这样视野狭隘的恶性思维陷阱之中。

从技术角度看，给员工知情权也能发挥很好的作用。

无印良品曾经也和其他公司一样，存在着严重的员工个人独占信息的现象。为了避免这种现象，无印良品采取了共享文件资料的做法，摒弃了那种将"个人"和"工作"联系起来的做法，而是要将"个人"与"组

第三章
玩娱授权的构成及驱动力

织"相联系。

某一位员工在将文件制作完成后，不再私自保管，而是将文件放入一个所有人都一目了然的文件夹中，然后保管在各个部门共享的文件柜里。而且，文件柜的柜门被拆除，以彻底实现可视化。

这样，就算有人问到"三个月前的会议资料到哪里去了"，无论是哪个人都能很快地找出来。甚至在某项工作的负责人长期休假或者出差在外，突然接到客户的咨询时，其他员工也能代劳应对。而且，即使出现了员工调岗，也能够顺利完成工作交接。

无印良品通过给予所有员工知情权，而将每年7000多件投诉降低到了1000多件。公司还将应对投诉的做法单独编成一本《危机管理指南》，让全公司共享这些失误、矛盾以及处理的方法。

比如，无印良品规定了五种即时应对的方法：

1. 一定程度上的道歉。
2. 仔细聆听顾客的声音。
3. 记录要点。
4. 把握问题的关键。
5. 重复投诉内容。

同时还注明了"不找借口，完整听取顾客阐述，忠实记录顾客的态度及用词"等注意点。

无印良品的这种信息共享的做法，确保了即便是刚刚入职的新人店员，也能有效应对顾客的投诉。

组织通过授予员工知情权，让关键信息均匀且及时地分布于组织内部，让每一位员工因知情而感到自己很重要，从而有效柔化了等级地位的负面影响。

玩娱授权
从授权管理到授信管理

参与权

在传统的官僚制组织中，参与是一种明显受限制的行为。一个人只能在自己的岗位职责范围内参与工作，不得越界，否则就会引发其他部门的不满。但是，我们这里的参与权，指的是不受限制的参与权。员工可以根据自己的兴趣、爱好、心情，甚至什么也不根据，来完全自由地选择是否参与组织中的某项工作。

比如，SEMCO 公司的员工就可以随便走进一个正在召开会议的会议室，旁听和自己毫无关系的议程。公司里所有的门都敞开着，没有人会强制他参与或离开。在 FAVI 公司，即将召开的会议都会公布在内部网上，任何人都可以自由参加任何会议，并在会议上分享自己关心的事情或想法。每个人都可以知道公司发生了什么，没有人被排除在外。

再来看一个更加不可思议的例子。

2002 年 5 月，一个周五的下午，谷歌公司的创始人之一拉里·佩奇在谷歌网站上闲逛，他输入搜索词条，但对跳出来的搜索结果很不满意。他想搜索一款川崎 H1B 的老款摩托，结果跳出来了很多律师帮助移民申请 H–1B 签证的广告。

在传统授权管理模式的公司里，如果 CEO 看到了某款产品的问题，就会把相关的负责人叫来问责，还会召开几次会议，商讨解决方案，然后决定应该如何行动。一般来说，整个过程会花去几个星期的时间。

但是，拉里·佩奇没有这样做，而是把自己不喜欢的搜索结果打印出来，对存在问题的广告特意做了标志，把这几张纸贴在了台球桌旁厨房墙壁上的公告板上，又在纸的上端用大写字母写了"这些广告糟透了"几个字，然后就回家了。

第三章
玩娱授权的构成及驱动力

第二周的周一清晨5点零5分,一位名叫杰夫·迪安的搜索引擎工程师发了一封电子邮件给拉里。原来,周五的下午,他看到了拉里在墙壁上的留言,然后找了几位同事,利用周末的时间,编写出了解决方案的模式以及超链接。在邮件中,他详尽分析了问题出现的原因,并提供了一份解决方案,还附上了测试结果,证明新的广告展示模式与正在使用的广告展示模式相比,有哪些优越性。

杰夫的核心理念后来成为谷歌 AdWords 广告系统赖以生存的基础。后来的发展证明,杰夫的这个理念成就了一项价值几十亿美元的业务。

但是,最关键的点不在这个地方。事实上,广告根本就不属于杰夫和他的团队的管辖范畴。那个周五下午,他只是碰巧来到办公室,碰巧看到了拉里的留言而已。

在传统的公司里,既然广告业务和杰夫无关,即便出再大的问题,也和他无关。如果杰夫主动去参与,就会被负责广告业务的同事认为是多管闲事、瞎搅和。杰夫做成了,就会引发广告部门同事的嫉妒;没做成,就会遭到耻笑。

但好在杰夫是在谷歌工作,他被授予了参与权,可以参与他任何感兴趣的项目。他做成了,人们不会嫉妒;他失败了,人们也不冷嘲热讽。

实行玩娱授权的组织,可以通过赋予员工参与权以极大地促使他们产生对工作的好感与责任心。因为人们都对自己亲手参与创造的东西有着特殊的亲近感。比如,人们对于从宜家购买并亲手组装的家具评价更高。这就是心理学上的"宜家效应"(Ikea Effect)。

所以,当员工拥有了参与权,他对组织的好感及归属感都会大大增强。

参与权不但可以授予组织内部的人,还也可以授予组织之外的人。

比如,当企业遇到编程方面的难题时,就可以通过编程大师网组织有奖竞赛吸引程序员参与,从中选出最好的问题解决方案。这等于是允许组织之外的人来参与组织内部的工作。

编程大师网的客户基本上是大型企事业单位,包括美国国家航空航天局、康卡斯特公司、霍尼维尔公司、哈佛大学、I型糖尿病研究基金会等知名机构。

在此前,让"外面的人"来参与内部的工作,这是不可想象的。一方面是因为组织内部的工作充满了商业机密和技术机密,无论如何是不能对外透露的。另一方面,在传统的组织架构下,即便是内部人士,也有可能遭遇层层设防,不能随意参与一些保密要求很高的尖端前沿项目。

但是,在技术快速发展的今天,仅仅依靠组织内部的技术力量,是没有办法在规定的期限内完成高难度的开发任务的。而如果抛开门户之见,把参与权授予那些具备了相应能力的局外人,就等于是将他们变成了局内人。

在宜家效应的作用下,局外人的身份障碍被消融了,从而愿意倾尽心力地来为局内的目标服务。(参见本书第四章"重新定义员工")

决策权

从知情权到参与权,再到决策权,既是各自独立的,又是层层推进的。在传统组织中,决策权可谓是重中之重。金字塔层级中那些被授权的人,会牢牢根据自己的决策权来划定地盘,就像动物那样严防死守自己的领地,绝不允许他人染指。

同样,对玩娱授权来说,赋予员工以决策权也是重中之重。如果一名员工可以知情,可以参与,却不能参与决策,只说不练,这是多么大的讽刺啊!

而且,正如组织管理领域的思想家玛格丽特·惠特利(Margaret Wheatley)所说的,激发人们主人翁意识的最好方法就是:让执行者自己制订行动计划。如果仅仅将制订好的计划交给某个人让他照此执行,往往是不会有好结果的,无论这个计划制订得多么完美、多么准确。

在授予决策权上的区别是两类组织最本质的区别。

第三章
玩娱授权的构成及驱动力

比如，以沃尔玛为代表的传统连锁超市出于降低成本与追求规模经济效应的目的，实行的是集中采购、统一配送的策略。拥有决策权的是某一个相关部门中的极少数人。而以全食超市为代表的玩娱授权公司则给予基层人员很大的自治权，充分发挥每一名成员的主观能动性。全食超市的地区经理可以根据当地特点自行设计新店，还可以根据当地消费偏好自行采购，自主决定库存比例，以至于任何时候，每家店铺都会有20%~50%的商品不会与其他店铺相同。

有了决策权，员工就不会循规蹈矩地按照固定的模式来完成工作了。他们是相当自信的，正如我们在前面章节中所阐述的那样，他们根本不缺乏能力，他们潜力无穷。他们无须赋能，只需赋值。只要他们深刻理解了为何去做，怎样去做就根本不是问题，只是在他们脑洞大开或者放飞自我的时候，你不要惊诧就可以了。

你也许根本无法理解梅奥诊所前台的一名工作人员就可以给医生安排工作，让他放下手中的事情去为另一位更需要帮助的病人服务。

你也许根本无法理解在谷歌每周一次的TGIF大会上，随便一名工程师就可以否决掉公司创始人想要做的事情。

你也许根本无法理解海底捞的一名服务员可以完全凭自己的感觉来决定是否给客人免单。

你也许根本无法理解，丰田公司流水线上的每一位员工在发现质量问题时，都有权拉绳中止生产。

……

但这就是员工拥有了决策权之后的必然结果。只要员工的决策是基于组织价值观的行为，又有什么是不可以的呢？

我们再来看几个非常突出的典型案例。

韩都衣舍从一家年销售额20万元的淘宝小店起步，飞速成长到年收入15亿元，员工人数从最初的40人发展到了2600人。目前，韩都衣舍在时尚服

玩娱授权
从授权管理到授信管理

装的款式开发能力上已经超过了著名服装品牌 ZARA，成为世界第一——ZARA 每年全球总的开发款数是 18000 款左右，而韩都衣舍仅女装每年的开发款数就已经超过 20000 款，整个集团一年开发超过 30000 款。

韩都衣舍是怎么做到的呢？

最核心的原因就是韩都衣舍通过小组制将决策权赋予了一线的员工。

从 2009 年开始，韩都衣舍开始实行买手小组制。小组制的总原则是让员工自由组合成三人小组，拥有所有非标准化环节（如选择款型、商业展示的页面制作、打折促销等）的决策权。而可以实现标准化的环节，如客服、市场推广、物流、摄影等，则由公司来做。同时，财务、行政、人力资源这些工作由公司职能部门负责，为各个小组提供服务。

各个小组之间可以展开竞争，为了避免内部的恶性竞争，公司层面成立了企划中心，统筹全局，参考历史数据和年度的销售波峰波谷来制定目标，用售罄率倒逼各个链条做到单款生命周期管理，将品类目标分解到各个小组，各小组在月度、季度、年度都有细分的考核指标。

这样一套赋予一线员工以市场决策权的运营机制，帮助韩都衣舍在每年推出 30000 款服装的情况下，售罄率竟然高达 95%！

具体而言，组成一个小组的三个人，其中一人是设计师，负责服装设计；一人是负责运营推广的导购，制作所有的宣传页面；还有一人是货品专员，负责原料采购和供应链的组织。小组的成员可自由组合，不合适的人可以退出，也可实行重组。在韩都衣舍公司内部，可以看到到处都贴着"挖人"的海报，这是公司允许的。

因为服装行业的特殊性，韩都衣舍并没有将一切决策权都赋予小组。

公司层面根据上一年的销售数据来制定一个总的销售任务，然后跟每个小组沟通。小组长会根据本小组去年的销售任务完成情况以及今年的人员变动等情况，在公司可接受的幅度内制订一个完成计划。与此同时，公司根据各个小组的销售计划分配相应的资源以支持各个小组。公司对各个小组的考核除了销售额之外，还包括毛利率、库存周转率等指标，只有这些指标都达到了公司要求，小组才可以拿到奖金。

第三章
玩娱授权的构成及驱动力

那么,小组到底拥有哪些决策权呢?

1. 决定选什么款式。
2. 决定各款式多少个颜色,多少个尺码,相应的库存多少。
3. 决定各款式的售价。
4. 决定参加什么样的促销活动。
5. 决定打折的节奏与程度。

比如,每个小组可以自由竞价公司的广告位。当天猫举行双十一活动时,公司会向小组征集商品,各小组可自行决定是否参加及如何参加。公司根据小组的报名情况盘点库存,然后统一规划。对于明显偏离正常范围的打折促销,公司会给予提醒,但最终的决定权还是掌握在小组手里。

根据公司的计算公式,每个小组的收益也是一目了然的。小组的奖金不是由公司或哪个领导决定的,而是靠自己的业绩来提取的。各个小组基本上可以通过自己完成任务的情况算出来自己能拿多少钱。这种数据透明化也是知情权的重要体现。小组如果想多拿钱,完全可以靠自己的努力与智慧。

公司对小组进行考核后,发放奖金,而组员的奖金由组长分配。这样做,看似是组长掌握了控制权,但因为小组成员可以自由组合,如果组长分配不公,组员一方面可以向公司提出申诉,另一方面可以"用脚投票"——转投到其他小组,甚至可以自己另立小组。

这样的制衡机制,使得小组内部非常透明,也确保了分配上的公平合理。

当一个小组拥有了款式、价格、数量、打折、促销以及奖金分配这些决策权后,实际上就相当于一家独立的服装公司了。当韩都衣舍的300个小组都拥有自由决策权后,实际上就相当于开了300多家独立运营、充分竞争的子公司。

也许有人会质疑,韩都衣舍的总销售任务依然是公司制定的,会不会不合理?员工们会不会不愿意接受?

韩都衣舍的创始人赵迎光在一次演讲中回应了这个问题。

玩娱授权
从授权管理到授信管理

赵迎光说："很多企业的年度销售目标是怎么制定出来的？比如去年完成 15 亿，今年完成 20 亿元，明年多少，25 亿元？30 亿元？50 亿元？很大程度上要看老板的心情。本来想定 30 亿元，后来有投资进来，老板觉得不差钱，那就定 50 亿元！再冲冲，脑子一热，100 亿元！最后备了 100 亿元的货，但只卖了 40 亿元。库存差点杀死一家企业的真实故事我们看得还少吗？那么，为什么老板头脑发热时就没有一个清醒的人去提醒他呢？原因很简单，因为老板自己制定的目标，完成不了，老板是第一责任人。万一完成了，就意味着大家可以拿更多的奖金，为什么要反对呢？"

确实如此，当老板是唯一的无限责任承担者后，员工们为什么还要来掺和呢？

"韩都衣舍会出现这种情况吗？不会！我们会问每一个小组，明年目标多少？有的小组去年报 100 万元，今年报 150 万元，为什么才定 150 万元呀？因为有个主力员工生二胎去了，新人能力不行，150 万元的任务已经不容易了；还有的小组报了 300 万元，怎么报那么高？因为挖来一个高手，有信心做到 300 万元。在韩都衣舍，有一个绩效公式，如果一个小组最终完成不到一个比例——成熟小组是 90%，新小组是 80%——就拿不到一分钱奖金，所以没有一个小组敢胡乱制定销售目标。"

当把所有的小组目标相加后，如果总体销售任务偏于保守（这是很正常的现象，大家都不愿意承担过高的风险），公司就可以在整体上做一个判断。比如去年完成了 10 亿元的销售目标，今年的目标才定 13 亿元，而公司的整体现金流情况不错，市场氛围也不错，有冲击 15 亿元的可能。那么，多出的 2 亿元怎么办？给每个小组按他们各自的目标数多加 15%，但那 15% 不列在考核范围内，风险由董事会承担。而董事会测算过这个风险，可以扛得住。对各个小组来说，如果销售额冲击完成了额外的 15%，奖金会高出一大截。万一完不成，也不会影响自己的奖金。这样，各个小组都有动力去冲击更高的销售目标。

第三章
玩娱授权的构成及驱动力

赵迎光说:"小组制把很多企业老板一个人扛的责任,分解到了直接面对客户的小组身上,这就是韩都衣舍小组制的玄妙所在。"

韩都衣舍的很大一部分决策权都授予了一线的小组,让他们自己为业绩负责,这成功地激发了员工的主观能动性和无限责任意识。这正是韩都衣舍能够迅速成为中国互联网第一服装品牌的真正奥秘。

把决策权交给员工,不但能让他们以主人翁的姿态创造业绩上的奇迹,而且还能有效挽留那些具备了相当能力以及有创业雄心的卓越员工。

在传统的授权管理模式下,除了最高层的老板,组织中几乎所有人都是没有自主权的。这其中默默忍受的人会占到大多数,但还是有少部分人会在时机合适的时候另立门户、自主创业。

这对于原来的企业是一种双重伤害。

首先,有能力、有想法的人肯定是企业里的精英骨干,一旦离开,必然会削弱企业的实力。

其次,离开企业自己创业的人,其经验、人脉和经营领域与企业是高度重合的,其创业等于是给企业增加了一个知根知底的竞争对手。

广州芬尼克兹公司采用"裂变式内部创业"的模式,不但避免了上述的双重伤害,还附带孵化出了7个子公司,让公司的整体实力更上一层楼。

芬尼克兹公司为什么会想到这个模式呢?

原来,2004年的时候,该公司的两位负责管销售的高管突然离职,要自己创业。而这两位高管手里掌握着公司80%的销售业务。这件事让公司创始人宗毅非常焦虑。后来,他就开始考虑怎样才能把精英人才留住。作为一名创业者,他深知,有些能力强的人是不甘心于一直给别人当下属的。他自己就是这样的一个人,是从原来的公司辞职出来创业的。像这样的员工,哪怕你给他再高的职位、再多的钱,都不可能留住。

于是,宗毅想到,既然你这么想当老板,那我就让你当老板,而且还给你钱,给你资源。这个办法就是裂变式创业。

2006年,公司要开展一项新业务。在以前,新业务只是公司总体业务的一部分，无论员工如何努力开拓，也只是拿工资的而已。现在，宗毅为这项新业务单独注册了一家新公司，母公司的创始人占股50%，再从高管中选出一个人来做创始人兼总经理，而这名总经理必须出钱占股10%以上，剩下的股份则由新公司的高管和员工持有。

而且，总经理的人选是由公司员工用人民币投票来决定的，并不是由原来的老板宗毅指定的。

比如芬尼克兹的泳池项目，上一年达到了1亿元的营业额，产生了1000万元利润。今年因人工成本上涨，如果想再创造1000万元的利润，就要做到1.1亿元的营业额。于是，公司开展了一个1.1亿元营业额产品经理的竞选（类似于内部的创业大赛），公司员工都可以参与竞选。

这场竞选就像是一场竞技游戏一样（玩具思维的应用），比赛规则是这样的：参加竞选的人自己组队参加产品经理竞赛，公司员工对各支参赛队伍进行投票，投票时要写明自己的投资额，直接用人民币进行投票。参加竞选的人，自己至少要投资5万元，普通员工可1万元起投。

有意思的是，公司还为员工的投资设定了赔率。如表3-1所示：

表3-1 芬尼克兹公司业绩赔率表（仅供参考）

业绩对比（新一年度/上一年度）	赔率（投入/产出）
0.9以下	1:0
1.0	1:0.5
1.1	1:1
1.2	1:1.15
1.3	1:2
1.5	1:4
1.6	1:6
1.8	1:8
2.0	1:10
2.5	1:15

第三章
玩娱授权的构成及驱动力

如果员工甲看好参选者 A，给他投了 5 万元。那么，如果 A 当了这个产品经理后，与上一年度的业绩对比低于 0.9，那么员工甲的投资就打水漂了，5 万元一分钱也拿不回来了；如果 A 的业绩对比达到了 1.1，也就是说完成了竞选时的承诺，那么员工甲可以拿回本金 5 万元，但没有额外收益，仅仅是保本；如果 A 的业绩对比，超过了 1.1，那么根据公司事先设定的赔率，员工甲的投入就有了溢价收益。对照表 3-1，如果 A 的业绩对比达到了 1.3，赔率是 1：2，员工甲投入的 5 万元就翻倍变成了 10 万元；以此类推，如果 A 的业绩对比达到了 2.5，员工甲的收益就是 5 万元的 15 倍，高达 75 万元。

这样的玩法是不是很刺激？但最关键的还不仅仅是刺激，还有给企业带来的诸多好处。

1. 当公司公布了参赛队伍后，化身为"选民"的公司员工就会很认真地去研究该把钱投给谁，根本不用公司去评估哪个人选是最佳人选。当一个人需要拿自己的钱去为另一个人投票的时候，他一定会精心考虑这个人是否能胜任，是否能够让自己的投资稳赚不赔，最终选出来的团队一定是德才兼备的。

2. 可以有效避免贿选和拉票。因为员工是用钱投票，直接关系到自身的利益，必然会理性地考虑哪个人是真正适合的人选，而不会因为一点小恩小惠就投人情票，否则就是和自己的钱过不去了。

3. 可以实现自动监督。如果某位员工在此前的工作中有过污点，比如收受客户的回扣等，这种事情公司和老板不一定知情，但肯定会有别的员工知情。如果这位污点员工参与竞选，知情的员工不但不会投他，还会把他的劣迹告知其他员工。这样就能选择更为廉洁的人选。团队当选后，总经理本人是大股东，就不会去搞贪腐。而员工用真金白银投票，他们就会自发地去监督新公司运作中的各种利益关系。

4. 可以让有能力的人才冒尖。公司内部的竞选就是展现自我的舞台，竞选成功了，就得到了施展机会；竞选没成功，也在公司全体员工面前亮相了，以后会获得更多的关注和机会。

5. 可以留住公司骨干。员工可参与竞选总经理，成为股东，与企业共同成长。

6. 可以打破论资排辈的人情困境。以往提拔一个人就会得罪好几个人，每个人都觉得自己是最合适的人选。现在不用老板费心思了，一切都在竞选中决定，看你自己能不能赢得最多的选票。大家都遵守一套透明的规则，愿赌服输。

7. 可以提高组织效率。这种方式选出来的团队，把公司利益和个人利益捆绑在一起，团队更容易全身心投入，大家成为股东后也会全力以赴地支持创业团队的工作，所有人都关心业绩，拼出更好的成绩。

实际上，上述这么多好处都可以归结为一句话，就是通过授予员工决策权，来强烈激发员工的责任意识。

当然，裂变式创业不是尽善尽美的，在适用领域方面也存在一些争议，但我们已经可以看到员工拥有决策权之后的神奇变化。正如我们一再强调的，员工并不缺乏能力，他们只是缺乏展现能力的权力。如果组织敢于给员工玩娱授权，员工就敢于为组织创造奇迹。

客服背后的秘密

在企业运营中，客服环节可能是被诟病最多的部门。

客服环节是一个非常特殊的顾客触点。顾客往往是带着由问题引发的负面情绪来和客服人员沟通的。有的时候，顾客的问题是由产品或服务的缺陷或不足造成的；有的时候，顾客的问题是由自身原因造成的，责任并不在公司这一方。

但是，不管原因是什么，顾客在与客服人员接触的那一刻，就会把不满、抱怨、愤怒和指责的矛头对准公司，对准此时此刻代表公司的客服人员。

第三章
玩娱授权的构成及驱动力

所以，客服工作确实是不容易做好的。

不过，反过来说，如果客服人员能够将顾客的情绪安抚好，并且快速有效地处理好顾客的问题，反而能够为企业形象加分，有助于强化顾客的忠诚度。

根据威斯汀酒店的调查，他们发现这样一组数据：

在酒店期间没有发生过任何问题的顾客的回头率为——84%。

在酒店期间发生了问题，且并未得到解决的顾客的回头率为——46%。

在酒店期间发生了问题，但得到解决的顾客的回头率为——92%。

顾客的回头率直接等同于顾客的忠诚度。我们也许很容易理解，在入住酒店期间发生问题，但得到解决的顾客比在酒店期间发生问题，却没有得到解决的顾客的回头率要高46%。但可能不太能理解，为什么在酒店期间发生问题但得到解决的顾客，比在酒店期间没有发生任何问题的顾客的回头率还要高8%呢？

事实上，投诉增加了顾客与酒店员工的接触机会。如果客服人员能够全力以赴地帮助顾客解决问题，就会扭转顾客的不良印象，转危为安，从而强化顾客心理上的良好感受以及行为上的忠诚选择。

那么问题来了，为什么那么多的公司没有认识到这一点呢？为什么那么多公司的客服人员没能处理好顾客的投诉，从而为公司的形象加分呢？

出行巨头滴滴公司曾经接连发生两起乘客使用滴滴顺风车服务而遇害的事件。事件发生时，滴滴的客服人员在多次接到乘客投诉后敷衍了事、无所作为，最终导致不可挽回的后果，引发了社会各界铺天盖地的批评。

《人物》杂志采访了两位曾经为滴滴公司做过客服人员的年轻人。从他们的描述中，我们可以发现问题的根本所在。

第一位年轻人说："我们就是滴滴和乘客之间的'挡箭牌'"。

我是2017年10月去滴滴顺风车做客服的，要说做客服吧，跟我们的专

玩娱授权
从授权管理到授信管理

业也不对口,我们是学汽车制造的,结果整个专业 200 多人全去当客服了。结果发现,去的根本不是滴滴公司,而是个外包的客服公司。这个公司在一栋 10 层大楼里,一整栋楼全是各式各样的客服,有网购公司的客服、银行信用卡的客服,等等。我们在第 5 层,整层都是滴滴的外包客服,我被分配做顺风车的客服。

集体培训一周,拿出个内部资料来,里面都是关于滴滴客服有可能遇到的问题以及解答方式。当时我翻看了一下,教给我们的客服标准回答基本都是"非常抱歉给您带来不好的用户体验""我们会提交给专员处理""有结果会第一时间通知您"一类的话,没有任何实质性的内容。

之后就是一个考试,考试很简单,除了涉及一些滴滴顺风车的基本规则之外,再就是填一下"遇到不讲道理的用户,该怎么回答"之类的问题,这类问题的回答都是一样的:"非常抱歉给您带来不好的用户体验。"

作为外包公司的客服人员,什么核心信息都看不到,什么处理权限都没有,只能机械地给对方道歉。说白了,我们的权限只有"接电话"和"提交"投诉电话内容。

在每条提交的投诉旁边,都有一个加急按钮,如果加急的话,处理进度是会快一些。但我们的主管要求加急的比例不能超过十分之一,如果超过了就要罚我们钱了。所以非到万不得已,我们是不加急的,或者嘴里说给别人加急,但实际上不加急。简单来说,即便是你打了 100 个投诉电话,在我们底层的外包客服这里,你能得到的最好结果也就是得到一张 5 元钱左右的代金券。

我们的工资取决于每天接电话的数量,一天接 100 个以下的电话,1 角钱一个。如果接听超过 100 个电话,就按照 1.5 角一个电话来算。所以说白了,我们做外包客服的目的,不是为了真正解决投诉问题,而是为了能接更多投诉电话,接得越多,赚得越多。

第二个年轻人说:"做滴滴客服久了,我都觉得自己是个机器人了!"

我在网上看到了乘客遇害事件,心里挺难过。我之前在滴滴外包的客服

第三章
玩娱授权的构成及驱动力

公司当过客服,还真遇到过警察打电话来要配合调查的事。

那是2017年11月份,有警察打投诉电话过来,说要调取司机的定位。但我这里是看不到司机定位的,我能看到的只有司机的姓名、照片、身份证号、接了几单之类的信息。我问我的师哥组长,他说他也没有权限,也看不到,他能做的事情跟我一样,就是提交上去,然后让警察耐心等待。

人命关天的大事,我们也急啊,但我们也没办法啊,也没有什么办法把紧急情况传达给上层,因为通话都是被全程录音的,不按照话术来说就会被扣钱。

所以,一旦遇到警方打电话来,通常的处理方法就是,提交上去,早点搪塞过去。然后如果对方再打电话过来,那就是其他客服接电话了,就不关我的事了。可以说,我们一个办公室里50多个接电话的,每个人都是抱着这种态度来做事的,这要是平常的小事没问题,一遇到真正需要迅速解决的大事情,那肯定就不行了。

这份工作我做了半年,时间算是长的了。最让我痛苦的,是不得不用敷衍的方式跟投诉的用户周旋。我只能跟对方说,"你的问题我们已经提交了""会有专员来解决"之类的话,但这跟故意拖延有什么区别?说得多了,我都觉得自己是个机器人了,说来说去就那么几句话。

《人物》杂志的报道在网上流传后,很多人把批评的矛头指向了客服外包,认为这是滴滴不负责任的表现。其实,真正的问题不是外包不外包,而是客服人员完全没有知情权、参与权和决策权!

这些客服人员只能像个机器人一样,按照标准话术来回答顾客五花八门、各式各样的问题。而且,对他们的考核标准也只采用简单粗暴的接电话数量,而不是最符合顾客利益的以解决问题为导向。

滴滴客服的这个负面案例,也从另一个角度让我们警醒,和顾客打交道的一线员工缺乏知情权、参与权和决策权,将会造成多么可怕的后果啊!依然沉迷于传统授权管理模式的公司及领导者,再也不要自欺欺人,掩耳盗铃,假装问题不存在了!

玩娱授权
从授权管理到授信管理

一位注册名为"迷茫的骑士"的虎扑网友在论坛上发布了一条帖子，介绍了他先后在 Uber 和滴滴做客服的经历，对滴滴与 Uber 的制度和理念做了一个对比。

Uber 和滴滴虽然做的业务高度重合，但双方的逻辑是不同的。Uber 最突出的是信任：信任乘客，信任司机，信任员工。

举个简单的例子，Uber 支付默认的是免密支付，因为它觉得如果你不是免密支付，那你就是不信任我，那你也就没有用我的必要了。如果乘客来反映没坐车却被扣了钱，客服第一操作就是查看乘客的资料，如果没有欺诈记录，就默认乘客说的是事实，会把司机的钱扣回来，退给乘客。如果司机也来反映说拉了乘客，本来已经收到钱了，却被你们扣了。客服也同样操作，如果司机没有欺诈记录，那也把钱退给司机，乘客钱也不扣，这笔钱等于是 Uber 出的。

如果发现有人欺诈，在证据确切的情况下，司机封禁七天起步，乘客第一次正常退钱，第二次警告，第三次永久封禁。任何一名客服人员都有这些权限，都可以这样处理。Uber 给员工的权限非常大，如果你不按公司建议的流程来操作，只要你能给出合理的理由就行。

Uber 每一位客服人员的权力跟经理的权力都是一样的，门禁卡可以刷进任何一个 Uber 的办公场所，可以封禁任何一个人的账号，扣任何人的钱（数额不限）。

从上述描述可以看出，Uber 和滴滴的客服之间最大的区别就在于：Uber 是授信管理，充分信任自己的客服人员，授予他们所必需的所有权限。而滴滴的客服人员却没有任何权限。

滴滴顺风车事件发生后，《哈佛商业评论》的微信公众号曾经提出过这样一个发人深省的问题：如果滴滴的客服能做到像 T-Mobile 的那样，当初的事还会有吗？

《哈佛商业评论》重点介绍了美国 T-Mobile 电信公司的客服人员是怎样从

第三章
玩娱授权的构成及驱动力

传统模式转向玩娱授权模式的。

T-Mobile 客服部门的这次转型并没有大量解雇原来的一线员工,也没有招聘拥有新技能的新人手。原班人马,在改变模式后,有了脱胎换骨的表现。

2018 年第一季度,公司服务成本降到历史新低,与 2016 年相比降低了 13%。

顾客得到了更好的服务,客服代表不再需要为之前的错误减免费用。这类"致歉式减免"总体减少了 37%。

客户保留率和忠诚度大大增加,2018 年第一季度的客户流失量为历史最低。

一次性解决客户问题明显增多,将客户电话转接到其他部门处理减少了 73%;转接到主管的电话减少了 31%。

T-Mobile 被尼尔森公司列为过去 24 个月里顾客服务最佳的无线网络公司,并连续两次在 JD Power①的无线网络提供商顾客服务质量排行中获得了有史以来最高分。

客服人员年度流失率从 42% 下降到 22%,说明员工对这份工作的热爱程度大大提升。

T-Mobile 负责客户服务的执行副总裁考利·菲尔德(Callie Field)对此总结说:"多数客服代表能够胜任工作,也有意愿把工作做好。他们需要摆脱束缚他们的旧有模式,再接受新模式的培训。如果你只要求员工缩短处理时间,他们是能做到的。但如果你给员工更多的权限,让他们像小公司管理者一样,关注顾客满意度和收支损益战略管理,他们也能做到。而且如果你提供合适的工具,不要去妨碍他们,他们真的能做得很好。"

菲尔德所说的,实际上就是给员工玩娱授权。菲尔德对客服部门进行变革的思路是这样的:"我和我的团队总结自己作为顾客和员工的经验,都很了

---

① JD Power 是一家消费者洞察、市场研究咨询、数据及分析服务提供商。

玩娱授权
从授权管理到授信管理

解怎样的服务会让你对公司留下好印象。我们明白，必须提供这种好的体验。而且我们的重点放在寻找和消除让顾客不满的因素。归根结底，我们的目标很简单：让顾客开心。我们认为开心的顾客愿意留下来，为我们花更多的钱和时间，并且向其他人推荐。"

T-Mobile 设置了专家团队来完成客服工作。每个专家团队由 47 人组成，为特定市场中一组指定客户服务。这个专家团队是一个跨职能团队，其中客户代表 32 人，还有 1 位领导者、4 位培训师、8 位技术人员（能够处理更复杂的硬件和软件问题）、1 位客户决议专员（研究长期问题的趋势并协助制定解决方案）和 1 位资源管理者（负责员工分配和管理）。

每位客服代表都是通才，从结算、销售、线路激活到标准技术支持咨询都能应对，很少需要转接。为了确保团队内部合作顺利，团队每周要召开三次站立会议，交流分享重复出现的顾客问题处理方式、经验和创意。比如，为盐湖城服务的团队发现，年轻顾客的流失率高得反常，深入分析数据后发现一个主要原因是年轻的摩门教徒要去执行两年的传教任务，其间禁止用手机，导致这部分用户脱落。于是团队得出结论，传教期间虽然不能用手机，但是可以用平板电脑，因此在顾客打电话要求停用服务时，客服代表提出为他们提供平板电脑——这样可以帮助顾客保留电话号码和账户，回来之后继续使用。这个聪明的解决方案使得年轻顾客群体贡献的利润大幅度提升，也因此对团队成员的奖金产生了积极影响。这是知情权的重要体现。

团队成员还可以在即时信息平台上开展实时合作，以便提醒同事注意相应顾客群体中新出现的问题（如天气状况和服务中断）。在与顾客交谈的过程中也可以向同事征求意见。这是参与权的重要体现。

专家团队自行管理损益表。以前，团队的领导者根据客户代表处理时间和计划执行情况之类的指标来考核业绩，现在是看损益表——是否保持并增加了顾客业务？是否减少了客户平均呼叫次数和服务成本？就像 CEO 在管理自己的公司。团队领导者在参加每季度的业务总结会的时候，就像是作为业务部门总经理一样，与公司 CEO 一起回顾财务和运营表现。这是决策权的重要体现。

总之，T-Moblie 的做法完美体现了玩娱授权的精髓，也再一次验证了我们的观点，员工并不缺乏能力，他们潜力无穷，可以帮助顾客解决绝大部分问题。但他们需要赋值，以便在组织价值观的指引下，尽情发挥主动性和想象力，创造性地为顾客制造愉悦感。

从这几个客服案例来看，实际上，客服是不能轻易外包的。外包出去的客服，只能是采用标准极其严苛的授权管理，完全按照规定好的话术回答，评价标准就像是对机器人的考核。客服是一家注重客户体验的公司的核心环节。这是一个和顾客（往往是带有负面情绪的顾客）直接接触的环节，特别需要因玩娱授权而具备了无限责任意识的员工来妥善处理，转化危机。

海底捞的教训

餐饮业的标杆企业海底捞火锅对员工的玩娱授权很值得称道。海底捞的员工被激发出了强大的创新能力，为顾客提供了大量超越预期的服务体验。

比如，为了不让顾客的手机被食物弄脏，海底捞的服务员会送上一个透明的小塑料袋，用来保护手机；如果顾客戴眼镜，很容易被火锅的蒸汽弄脏镜片，服务员就会送上擦拭眼镜的绒布；如果顾客带着孩子来就餐，服务员会为孩子准备好婴儿床、婴儿椅、睡袋、隔热碗等；顾客在等餐时，可以免费美甲、擦鞋、玩棋牌游戏等。

这些创新都是玩娱授权的产物，也确实赢得了顾客的交口称赞。但是，如果你将员工基于玩娱授权的自由裁量变成了硬邦邦的 KPI 考核，就等于又回到授权管理的老路上去了。

海底捞的董事长张勇就反思过这方面的错误。

张勇说：“有了 KPI 之后，人的行为会失常。在 KPI 这件事上，我们是走过弯路的。比如我们曾经尝试把 KPI 细化。有人说你们火锅店服务真好，我

玩娱授权
从授权管理到授信管理

有个眼镜,他就给我个眼镜布;我杯子里的水还没喝完,他就又给我加满了。所以我们就写了一条:杯子里的水不能低于多少,客人戴眼镜一定要给眼镜布,否则扣 0.05 分。这下完蛋了,来一个人就送眼镜布。客户说豆浆我不喝了,不用加了;不行,必须给你加上。最好笑的是手机套。有的客人说不用,服务员说我给你套上吧,客人说真不用,结果他趁你不注意的时候,把手机抓过去给你套上。这是为什么?因为不这么干要扣分啊!"

"后来我自作聪明地认为,那我就不考核这些具体的事情了,我考核一些间接指标。我不考核你赚多少钱,我就考核你的翻台率是多少。因为翻台率高就证明你的服务满意度高啊,翻台率高不就意味着赚钱多了吗!结果有一天,我去北京一家店,在电梯间里,听到一个四川人跟另外几个四川人讲:'我要让你们见识一下在北京的四川火锅有多牛,你不订是绝对没位置的!你订了座晚去几分钟,也是没位置的!'我就纳闷了,怎么晚几分钟就没位置了?这不是侵犯客户利益了吗,客户已经不满意了,这还怎么做生意啊?后来内部一问才知道,原来问题出在考核指标上。因为预订座位的客人不一定能准时来,但现场还有客人在排队,空台等着的话,翻台率就少了一轮。这下我就崩溃了……"

传统的授权管理模式对于奖惩考核非常看重,但你考核什么,员工就重视什么,就会给你想要的考核结果。当员工的注意力转移到了考核指标上,就会偏离顾客真正的需求。而且,考核越是严格,距离顾客真正的需求就越远。

比如,你考核客服人员工作时间内接听电话的数量,客服人员就会想方设法地减少每一通打进来的电话的通话时长,希望尽快把顾客糊弄得挂电话,以提升自己的 KPI 表现,而不管顾客的问题有没有真正得到解决。前述滴滴的客服就是犯了这个错误,结果在出了大事之后遭到了铺天盖地的谴责。

而像 T-Mobile 的客服人员,公司完全取消了处理时长等传统 KPI 指标,也没有规定任何客服用语,客服代表可以思考为每位客户解决问题的最佳方案,进而思考如何提升客户保有率和客户忠诚度。Uber 的客服人员,在遇到重大事件的时候,也可以长时间盯牢一个客户,直到问题解决。在业界非常出名的鞋类电商平台美捷步(Zappos),最长的客服通话记录是 6 小时!等于这个客服人员在一个完整的上班时段内,就是在为一位顾客服务!

针对具体行为和数据的考核,将会固化员工的行为,剥夺他们的创造力,让服务沦于平庸。就连以"变态服务"著称的海底捞,都会被 KPI 考核束缚住手脚,更不用说很多懒于创新的企业了。

海底捞的教训,其实并不仅限于餐饮行业,它是一个普适的教训,适用于任何和顾客打交道的行业。

如果我们希望员工灵活机动,在与顾客的任意触点上竭尽所能地为顾客制造愉悦,就一定要对他们玩娱授权,让他们真真切切地拥有知情权、参与权和决策权。

知情权、参与权、决策权这三权,既是独立的,又是层层推进的。但一般而言,只有这三权都被授予了,员工才是获得了组织真正的信任,授信管理也才有了实施的基础。

安全感:组织防御的消除

那么,知情权、参与权和决策权应该怎样授予员工呢?是不是公司一宣布,员工们就心领神会、运用自如了呢?

这当然是不可能的。

因为,在任何一个组织中,都存在着组织防御这种集体性心理现象。所谓组织防御心理,从本质来说,就是指身在组织中的人,因为缺乏安全感,而不愿意表露真实自我的种种言行做法。

当员工们的安全感得不到保障的时候,他们是不会甘冒风险,去尝试新的规则的。对于当下的新创企业来说,这个问题可能不太突出。但是,对一些已经运转很久的传统企业,先前授权管理的惯性非常强大,不知不觉会拉

玩娱授权
从授权管理到授信管理

着员工回到老路上去。

比如，T-Mobile 的客服代表花了一些时间来适应自己新拥有的权限。副总裁菲尔德说："一开始，我们让客服代表自行做决定，采取自己认为能够帮助顾客的措施，但还是有很多人请顾客等待，询问上级是否许可。"

当里卡多·塞姆勒看到自己的员工每天下班后走出工厂门口时，都必须进行安全检查，他为此深受困扰。他对一名高级经理说起这件事。高级经理很严肃地告诉他："大家都这么做，小偷这么常见，我们必须每天对所有人进行检查，不能有任何例外。"但塞姆勒决定结束这种检查，只是在大门口挂了一个牌子，上面写着："当你离开公司时，请确保没有因为粗心而带走任何不属于你的东西。"

让他没想到的是，工会人员竟然提出了意见："我们的员工希望继续进行检查。他们担心如果工具不见了，而这是很常见的事情，他们会受到责备。他们希望大家知道他们不是拿走工具的人。"

结果，当工厂里的两台便携式钻井机丢了之后，许多工人都强烈要求恢复检查。最后，塞姆勒不得不召开一次全体会议来平息大家的情绪。

工人们居然希望被检查来证明自己的清白，这是多么强烈的组织防御心理啊！

一线的员工，因为以前几乎没有得到过信任，也几乎没有拥有过自主的权力，所以他们的安全感匮乏，防御心理很强似乎是可以理解的。即便是身居高位的领导者，在传统的管理模式下，也很难不产生防御心理。

海尔可以说是一家玩娱授权公司，2014 年，海尔集团的董事局主席、首席执行官张瑞敏开展了一场"大胆的试验"——裁掉 10000 多名中层管理人员，推动他们从管理者变为创业者，把海尔变为一个创业平台，把决策权、用人权、薪酬权都交给员工，率先探索转型之路。目前，海尔内部已经培育起 200 多个创业"小微"公司。

但是，谁也不会想到，当初将一家濒临破产的小电冰箱厂带到今天的张

第三章
玩娱授权的构成及驱动力

瑞敏,也曾经有过很强的组织防御心理。

当时,张瑞敏在青岛市家电公司做副经理,专管技术改造,分管冰箱这个项目。他经常去冰箱厂,看到当时工厂的情况非常差,根本不像一个工厂。后来,上级要派他当冰箱厂的厂长,他并不想去。

张瑞敏的想法是:"这么差的地方,到这来干什么?所以我就尽量帮助他们,希望帮助他们树立信心,这样我就可以回到公司去,不管这些事了。但是越帮,他们就越往后退,三搞两搞地就把这事变到我的头上来了。我当时也很矛盾,回去和爱人说:'你要做好思想准备,在那里如果干不好,可能也回不了公司了。'多少年过去了,有的朋友看见我还保留着工厂1984年时的很多照片和录像资料片,以为我当时就在考虑为自己的将来树碑立传。其实,当时拍照片的意思是,将来万一(冰箱厂)干不上去,我就可以拿出这些照片来证明:'这么差的地方,谁能干上去?'"

由此可见,组织中的人,不管是谁,只要缺乏足够的安全感,都会不由自主地产生组织防御心理。而组织防御心理是玩娱授权的大敌。只要组织中存在防御心理,玩娱授权就不可能得到真正的实行。

要想破除组织防御心理,就得为员工提供充分的安全感。这需要组织做到以下两点。

允许员工做各种各样的尝试,哪怕越界也不禁止。

2006年9月11日,一个秋高气爽的早晨。当教授与学生们走进麻省理工学院(以下简称MIT)的校园时,他们被眼前的景象惊呆了!

在他们眼前的教学楼顶上,赫然停着一辆红色消防车!

这是谁干的?谁能够在一夜之间,将整辆消防车停到学校标志性的大圆

图3-1 消防车"飞"上了MIT教学楼的楼顶

玩娱授权
从授权管理到授信管理

顶上！

但是，人群中很快就传来了掌声和欢呼声，教授与学生们纷纷拿出手机拍照，然后迅速发到了社交媒体上。

奇怪的是，整个MIT竟然没有人去追究当事人的责任，也没有急着去将消防车放下来。直到消防车在大圆顶上整整停留2天之后，才由波士顿警方动用一台超级大吊车把消防车弄了下来。

其实，这样的事情在MIT屡见不鲜。这是MIT特有的一种"hacking文化"。这座大学里的高才生们经常会搞一些恶作剧式的事情。比如，让恐龙骨架"爬"上教学楼，将教室里的座位集体朝后转，等等。

"hacking"是一个计算机领域的术语，意为"黑客入侵"。MIT的学生们将"hacking"定义为：

1. 一种集体活动，探索不可能。
2. 不寻常、非破坏性的恶作剧，具有积极意义。
3. 考验才能、智慧、想象力的极限。

所以，麻省理工学院的hacking文化，看似是胡闹，实际上是学生们用这种超越常规的方式来挑战不可能。而学校对这种行为的认可，甚至是纵容，实际上是在鼓励学生们突破常规、超越极限。难怪这所学校会人才辈出，用各种各样的科技发明改变了世界。

如果不允许学生们搞这些很离谱的恶作剧，这所大学能够培养出那么多的天才吗？这个案例虽然是发生在大学校园里，但其中的道理也适用于所有的企业。

只要企业开始惩罚员工，员工很快就会适应这样的组织氛围，他们很快就会变得善于自我保护，同时将创新创造抛到脑后。

宽容员工所犯的各种错误，但恶意犯错不包含在内。

如果授予员工权力，允许员工做各种尝试，员工必然会犯错。

13世纪，苏菲派的智者毛拉·纳斯鲁丁说过："良好的判断力来源于经

第三章
玩娱授权的构成及驱动力

验,而经验来源于错误的判断。"

如果组织对员工的错误不能保持宽容,以后员工就不会犯错了,因为他根本不愿意再去试错了。

荷兰皇家航空是一家鼓励员工创新的公司。当社交媒体刚刚出现的时候,荷兰皇家航空公司的员工就开始利用社交媒体来和客户沟通,推广公司的形象。

在 2014 年世界杯足球赛上,荷兰队以 2:1 的比分淘汰了墨西哥队。整个荷兰群情激昂。荷兰皇家航空(以下简称"荷航")的一位员工在推特上发布了一条推特:"Adios Amigos"(意为:再见了,兄弟),并配上了一张图片。图片上是一个机场的出发标志,标志旁边站着一位头戴墨西哥宽檐帽,留着小胡子的男子。

这条推文借着世界杯的狂热人气被广泛转发,达到了上百万次,荷兰航空由此获得了极大的曝光度。但是,这也让很多墨西哥人深感不满。墨西哥演员盖尔·加西亚·伯纳尔在推特上予以反击,告知他的两百多万名粉丝说,他将永远不再乘坐荷兰皇家航空公司的航班。此外,还有许多墨西哥人对荷兰皇家航空公司发起了投诉。

按照一般的处理方法,荷兰皇家航空公司可以开除这名惹了大麻烦的员工,以平息公众的怒火。但是,他们并没有这样做。

他们立即删除了这条推文,然后由公司出面道歉。荷航发言人解释说:"这本来只是开玩笑,但造成了太多的负面影响。"荷航北美大区的总经理也亲自在推特上道歉说:"我们秉承体育精神,对受此条推特冒犯的人表达诚挚的歉意!"

而那位惹祸的员工并没有因为自己的无心之失而受到任何惩罚,他的过失被公司看作是试验性的犯错。

正因为荷航的组织氛围宽容员工所犯的错误,员工们才拥有了足够的安全感,保留了继续探索的勇气。后来,荷航员工仅仅利用了 10000 欧元的预算,就设计了一个阅读量高达 100 多万次的社交媒体风暴。

我们可以试想以下，如果这位无意犯错的员工被开除或者被罚款，以后还会有员工愿意冒险探索新的可能性吗？

无独有偶，海底捞北京劲松店和太阳宫店在被媒体曝出后厨的配料房、上菜房、水果房、洗碗间、洗杯间等各处均发现了老鼠的踪迹后，舆论哗然。

海底捞公司立即发出了道歉信和整改措施，其中最核心的一条是：

涉事停业的两家门店的干部和员工无须恐慌，你们只需按照制度要求进行整改并承担相应的责任。此类事件的发生，更多的是公司深层次的管理问题，主要责任由公司董事会承担。

海底捞的这一行为，从外部舆论的角度来说，起到了立竿见影的效果，大家纷纷认为海底捞是一家有担当的公司；从内部员工的角度来说，公司的这种做法为员工提供了充足的安全感。海底捞并没有严厉处罚涉事门店的店长和员工，舍车保帅，而是让帅挺身而出，承担责任。这样做有效保留了员工的热情，从而避免了组织防御的产生。

玩娱授权的幸福感公式

那么，当员工有了充足的安全感之后，是不是就能够自动自发地行使知情权、参与权和决策权，并表现出无限责任意识了呢？

拥有安全感，是一个玩娱授权组织下限要求。传统的以控制为主要特征的金字塔组织，是不能让员工感到充足的安全感的。

无限责任意识，实际上是一种身心状态，这种状态与人的感受息息相关。要想让员工激情满怀、创意无限，除了安全感，还需要其他多种感受。这些感受都是玩娱授权的内在驱动力。

这些感受包括安全感、归属感、公平感、控制感、成就感和使命感。所有这些感受的累加就是幸福感。只有当幸福感成为终极驱动力，员工才会表

第三章
玩娱授权的构成及驱动力

现出无限责任意识。

所以,我们可以得出一个玩娱授权的幸福感公式:

安全感 + 归属感 + 公平感 + 控制感 + 成就感 + 使命感 = 幸福感

安全感,即组织要成为员工的安全基地。在这个基地里,员工可以肆无忌惮地说真话,表达自己的意见,而且不会仅因为说真话而遭到惩罚。员工犯了错,只要是无心之错,或者没有恶意违背组织的价值观,就都可以得到宽容。而且,组织还鼓励全体员工从错误中学习,以避免在其他时间和地点,在其他顾客那里犯同样的错误。

归属感,即组织要充分体现出对员工的接纳与认可,让员工觉得自己是组织的一员。归属感与知情权、参与权密切相关。如果一名员工在组织内不被允许了解重要信息、关键信息,不被允许参加各种正式、非正式的活动,他就会感到自己被排挤在外。当员工把自己归于群体外的时候,他的心就不在组织之内了。归属感不一定只是指对公司的归属感,也可以指对某个小团队的归属感,对某个项目的归属感,对某项任务的归属感。这使得某些并非本组织正式成员、固定成员的外人,也可能对本组织产生归属感。(关于这一点,详见本书第四章"重新定义员工")

公平感,是指组织对于员工要透明,标准如一。在组织中,其实任何事情都是透明的。所有密谋于暗室中的东西,都将显化于明处。所有的潜规则,都会被组织中的人感受到。一旦员工感到了组织处事不公,就会丧失原本的热情,而变得世故,适应以潜规则为主导的组织氛围。这样的组织,是不会有战斗力的。即便是本岗位的有限责任,人们也会唯恐避之不及,更遑论去承担无限责任了。

要实现组织内的公平感,做起来并不容易,并不是表面上一碗水端平就可以了。可以说,传统授权模式下的奖惩措施,一不小心就完全失效了,甚至走到了反面。在这方面,《激励相对论》一书中有几个发人深省的重要观点,罗列如下,供大家参考:

玩娱授权
从授权管理到授信管理

1. 不足额的奖励就是惩罚,不足额的惩罚就是奖励。
2. 不及时的奖励就是惩罚,不及时的惩罚就是奖励。
3. 不变化的奖励就是惩罚,不变化的惩罚就是奖励。
4. 不匹配的奖励就是惩罚,不匹配的惩罚就是奖励。
5. 不公开的奖励就是惩罚,不公开的惩罚就是奖励。

控制感,实际上就是自主感。在传统的授权管理模式下,控制权集中在金字塔顶端的领导者手中。但是,在玩娱授权模式下,控制权必须动态分布于它最应该出现的场合,这往往是指一线员工与顾客的接触点上。人类的天性决定了他们会努力寻求对自己命运的掌控权,传统组织却剥夺了组织中绝大多人的控制感,而集中于一段。这种模式曾经在特定的发展阶段发挥过积极作用,但是在自我意识普遍觉醒的当下及未来,如果组织中的员工缺乏对自我命运的掌控感,就会脱离组织而去。所以,组织必须将控制感归还给员工,让他们有机会在特定的时间和地点,决定组织的命运以及他们自己的命运。控制感在玩娱授权组织中的体现就是决策权。这一点我们在上文中已经详细阐述过了。

成就感,是指员工努力付出后的一种获得感、荣誉感。成就感更多的不是指物质利益,而是精神享受。组织需要及时用一些具备仪式感的物品或活动来彰显员工的成就感。精神层面的激励,往往比物质层面的激励更重要、更有效、更持久。

使命感,可以说是玩娱授权的驱动力中最重要的一种,实际上就是我们在前文中反复强调的"知道为什么去做"中最高层次的东西。使命感让员工感受到自己的工作所具备的意义和价值。当一个人真正被使命感驱动的时候,其他感受的欠缺有时候也不会造成太大的影响。

作为惠普创始人之一的戴维·帕卡德提出:"企业之所以存在,就是为了做一些有意义的事情,为社会做一份贡献。放眼四周,我们仍然能够看到那

第三章
玩娱授权的构成及驱动力

些只盯着钱的人,但是多数人之所以有动力前进,是因为他们想要做一番事业,比如制作一款产品,或提供一种服务。一言以蔽之,就是想要做些有意义的事情。"

稻盛和夫在 80 岁高龄时,接受了拯救日航的艰巨任务,驱动他的也是使命感。他说:"对于航空运输产业,我完全是门外汉,什么都不懂,因此我一直答复说:'我认为我并不是合适人选。'即便如此,他们仍坚持不断地向我发出邀请,说无论如何都想得到我的帮助。因此,我就开始进行了以下的种种考虑。首先,如果无法成功将日航从破产困境中拯救出来并帮助其重建的话,那么,在日本经济本就一直非常低迷的情况下,也许会对日本的整体经济造成巨大创伤。其次,根据日本的公司更生法,公司破产会导致大批裁员,即便如此,依然有 32000 多名员工将留在日航。在这样的情况下,如何守护他们的就业机会,成为重要的课题。最后,失去日航意味着日本将失去一家大型航空公司。如此一来,日本航空运输产业就会出现垄断风险,这对于国民来说绝不是什么好事。我认为,有两家以上健康发展的航空公司互相竞争才是最好的状态。因为这三个理由,我最终接受了他们的邀请。"

而且,稻盛和夫还将使命感赋予了全体日航员工,让每一位员工深深认同"我就是日航"。最终,在 2 年 7 个月之后,日航成功地从破产状态中激活,成为一个健康的经济体。

所以,使命感的重要性再怎么强调也不过分,这也正是领导者及组织高度重视给员工赋值这件事的原因。

有一位猎头曾经发出感慨:"我曾经很想挖一位资深高管,跟进他半年多,发现还是挖不动他。此人这时已成为我职业生涯中最难啃的硬骨头,让我多少有些挫败感。他不愿意离开他所在的在线教育公司,是因为公司的使命和个人的使命高度一致——他希望通过互联网提升中国孩子的教育水平,让更多优质的教育资源能够惠及更多的孩子。为了工作,他甚至不愿意浪费时间去跟外面的人见面,我只有在深更半夜或者节假日才能约上他。使命感的强大之处在于,能让一个人心甘情愿付出更多的时间和精力,自动排除外界干扰。在他身上，我看到了一个公司的目标和员工内驱力的紧密结合，不由地对他的老板肃然起敬。"

综上所述，我们再一次强调：只有当幸福感成为终极驱动力的时候，员工才会表现出无限责任意识。而员工的幸福感来自于安全感、归属感、公平感、控制感、成就感和使命感的融合叠加。

稻盛和夫在成功拯救日航之后，说："我觉得，企业是为了全体员工的幸福而存在的，企业如果仅仅为了追求利益而不顾员工的幸福，那么员工的心就会离去。因此，只有把员工的幸福放在第一位，大家团结一心，经营者与员工的心灵产生共鸣，企业才能走出困境，获得健康发展。"

这也正是我们所说的：只有充满幸福感的员工才能激发出无限责任意识，只有愉悦的员工才能为顾客制造愉悦！

当员工感到不安全、不公平、没有归属感、缺乏控制感、成就感和使命感的时候，无限责任意识是无从谈起的，玩娱授权自然也就成了一纸空文。

组织内部的玩具思维

关于在组织中实行玩娱授权，最后一个关键问题是，如何按下激活键？

这取决于如何对员工释放实施玩娱授权的信号。

释放信号可以有两种方式，一种是工具思维的方式，即还是按照传统的控制模式，召开大会，发布文件等。这种方式并非完全不可行，但需要付出很大的代价来取信于员工。毕竟，在传统授权模式下，员工们不被信任，缺乏自主权已经很久了。他们不可能一下子就能转变惯性思维，切换到玩娱授权的模式上来。另一种当然是玩具思维的方式了。玩的本质是自由，是信任，是零防御。玩是人的天性，不需要别人传授，只要将沉寂的火山点燃即可。

在"玩具思维三部曲"的第一部《玩具思维》一书中，我们已经介绍了很多种如何实施玩具思维的方法与策略。不过，那是主要针对为顾客提供产

第三章
玩娱授权的构成及驱动力

品和服务而言的。而现在，我们需要在组织内部的管理上运用玩具思维了。

情感神经学家杰森·莱特和雅克·潘克塞普认为，激活人们的方法之一就是营造一个包含游戏与社会性支持的"试验安全区"。因为游戏能够增强情绪复原能力，减弱压力情绪体验带来的负面情感结果，并催生情感积极基因表达模式。

所以，我们应该采取玩具思维的方式来对员工释放变革的信号，悄悄打消他们的防御，不知不觉地吸引他们参与到变革中来。

我们来看几个具有启发性的案例。

SEMCO 公司下属的一个工厂在变革之初，在工厂门口处放了一块黑板，上面写着每位员工的名字，每个名字的旁边钉着一个木头钉子。当员工早上到工厂时，可以从三个金属标签中选择一个挂在钉子上：绿色标签代表"好心情"，黄色标签代表"小心点"，红色标签代表"请不要在今天烦我。"

不要小看这个小小的做法，这实际上释放了一个强烈的信号：每名员工都是有各种各样情绪的大活人，而不是此前授权管理下的机器人。

事实证明，工厂的员工非常喜欢这个好玩的做法。他们每天乐此不疲地公开宣示自己的心情，也特别关注别人的心情。一股活泛的气息在原本枯燥乏味的工厂中传播起来，最终将工厂导向了愉悦、快乐的玩娱授权模式中。

仅仅几个月后，这家工厂就成了 SEMCO 公司中的佼佼者，生产率是另一家工厂的两倍，库存减少了 40%，缺陷率下降到小于 1%。

在知识付费领域风生水起的罗辑思维公司，也是一家典型的玩娱授权公司。这家公司的特点是：

1. 没有上班的起止时间、没打卡机。
2. 除了创始人之外，没有层级。
3. 除了财务部之外，没有部门。

在罗辑思维内部，发行了一种叫作"节操币"的新鲜玩意。就是这个节

玩娱授权
从授权管理到授信管理

操币，向员工释放了极为强烈的玩具思维信号，对公司整体氛围的营造发挥了重要的作用。

每名员工每个月可以获得 10 张节操币，每张相当于人民币 25 元。员工们可以用这张节操币在公司周边的咖啡厅和饭馆随便消费，还可以获得打折和 VIP 待遇，公司月底统一与这些饭馆结账。

但是，节操币不能供自己使用，必须公开赠送给小伙伴，而且要在公司公示你为什么要把节操币送给他，并说明具体原因。每个月，公司会公示当月"节操王"。每年收到节操币最多的"节操王"，会获得年底多发三个月月薪的奖励。

这些透明化的操作保障了所有员工的知情权、参与权和决策权。每个人都能看到一个公开的节操币累计数字。节操币在员工之间的流转状况，直接反映了每个人与团队中的其他人协作的水平。

很少收到节操币的人，在协作水平和工作态度上肯定是存在不足的。因为这是由全体员工在每天的自然协作中做出的评价，是真实可靠的选票。在节操币累积上落后的人，一般会自觉地努力改善，或者在感受到强烈的压力后离开公司。

节操币这种创新创意度很强的玩法，一经实施，胜过组织及领导者千言万语的宣导。当玩具思维成为组织内部管理上的主流思维后，员工的组织防御心理自然就被玩乐消融了。

美捷步公司也是一家玩娱授权公司。当他们刚从旧金山搬到拉斯维加斯的时候，需要招募大量的客服人员（他们称之为客户忠诚小组成员）。

如果采用传统的招聘会来运作，耗时太久，跟不上公司发展的需要。他们就想出了一个模拟相亲速配的方法。

他们发布广告，开了一个介绍美捷步公司、描述工作情况的说明会。然后让前来求职的人和美捷步的 6 名员工一起，每人分别用 5 分钟的时间进行交流。在面谈时，旁边放上一个老式的厨房计时器，5 分钟一到，计时器就响了，应聘者就马上切换到下一位面试官那里。

第三章
玩娱授权的构成及驱动力

　　这个方法太好玩了，以至于美捷步的面试人员乐此不疲，不断地在这个速配过程中加料。他们把跳舞音乐、饮料、小点心都加入了介绍会，让应聘者面对大家做自我介绍，分享有趣的故事，还仿照奥普拉脱口秀节目上的做法，给被抽中的"幸运观众"颁发奖品。而奖品当然是美捷步的宣传品了。

　　这次招聘速配会很快消融了应聘者和面试官之间的心理防御，在一种轻松的氛围下，面试官很容易判断出应聘者符不符合组织的调性，是不是组织需要的人。而那些应聘者也通过这个环节对美捷步文化有了一个直观且深刻的体验，一旦被录用，很容易就会融入美捷步玩娱授权的企业文化之中。这等于是利用招聘速配会为新员工按下了激活键。

　　综上可见，在组织内部人与人之间的关系链接上运用玩具思维，是启动玩娱授权的最佳激活键。

　　当员工看到你是玩真的，是真的玩，一股不可阻挡的力量就将在组织中汹涌澎湃。玩娱授权、授信管理、无限责任意识，就会在其乐融融的、和谐互信的氛围中自然呈现。

第四章
重新定义员工

玩娱授权
从授权管理到授信管理

如果你是一家公司的老板，你会把心智未全的未成年人招进公司当你的员工吗？

如果你是一家公司的老板，你会不会把小偷、骗子、懒汉、笨蛋招进公司呢？

只要你稍具理智，当然就会坚决地说"不！"但现实比你想象得更可怕。

我们为组织招来了一群成年人，但我们的管理却把他们当作了幼稚的孩子。

我们为组织招进了一批品格良好、积极向上的人，但我们的制度却把他们当作小偷、骗子、懒汉、笨蛋看待。

可怕又荒谬的假设

在传统的授权管理模式中，对于员工存在着一些不易觉察却又十分可怕的假设。

曾经担任奈飞（Netflix）公司首席人才官长达14年之久的帕蒂·麦考德（Patty McCord）在TED演讲中说："你所招聘的员工全都是成年人。如果不是，劳动部门一定会以'非法雇佣童工'的缘由找你麻烦。但是，我们的管

第四章
重新定义员工

理制度却把他们约束成了孩子。"

也就是说，传统的组织管理模式，是把员工当作小孩看待的。并不是帕蒂一个人有这样的感受，里卡多·塞姆勒在刚刚接班家族企业 SEMCO 公司时，也有着完全相同的看法。他在书中写道："工人们都是成年人，但是一旦他们走进工厂大门时，企业就把他们当作孩子来看待，强迫他们带着工作徽标，站成一排去吃午饭，去洗手间要征得工头的同意，生病时要把医生开的假条拿来，就这样让他们盲目地遵守各种规定而不允许问任何问题。"

把员工当作未成年的孩子看待，正是传统组织可怕又荒谬的假设之一。但这还不是最糟糕的假设。

AES 公司是实行授信管理的一家电力公司，在收购新的发电厂后，其 CEO 丹尼斯·巴基会将 AES 的管理模式介绍给新的团队。他询问起新团队里的员工原来的公司老板和经理是如何看待他们的。员工们的回答是这样的：

工人们都很懒，如果不盯紧点，他们就会偷懒。

工人们干活主要是为了钱，什么能挣钱，他们就会干什么。

工人都自私自利，先考虑个人利益，然后才想对企业的好处。

当工人做一项简单的重复性工作时，他们的表现最佳，效果也最好。

工人没有能力对影响公司经营业绩的重要事项做出明智的决策，老板们才擅长做这些决策。

工人不愿为自己的行为承担责任，也不愿为影响企业业绩的决策负责。

工人需要关怀和保护，就像孩子需要全面的照顾一样。

工人应该拿计时或计件工资，而老板们应该拿月薪，以及可能的奖金及股权。

工人就像是可以互换的机器零件，一个"好"工人和另外一个"好"工人基本上是差不多的。

需要有人来告诉工人们该做什么，什么时候做，以及怎么做，老板们要告诉他们必须承担责任。

玩娱授权
从授权管理到授信管理

请注意,老板们并没有亲口说出这些对工人们充满贬低和蔑视的话语。这是工人们自己感受到的,说明老板们在潜意识中就是这么对待工人的。

FAVI 公司的佐布里斯特也和他的员工们分享过类似的观点。他说:"FAVI 公司的管理模式曾经也和所有其他的工厂一样,当时,我们对男女员工的假设是这样的:小偷、懒汉、骗子、笨蛋。"

为什么这样说呢?

如果员工不是小偷,为什么要把所有的东西都锁在储藏室里?

如果员工不是懒汉,为什么工作时间要被严格控制,只要迟到就要受罚,而不管是什么原因?

如果员工不是骗子,为什么那么不信任他们,要经常抽查他们?

如果员工不是笨蛋,为什么所有的决定都不经由他们,只是让他们服从、照做?

可是,员工们真的是心智未开的孩子吗?真的是小偷、懒汉、骗子和笨蛋吗?

心理学上的罗森塔尔效应告诉我们,预期会让预期变成现实。你把员工看作什么,他们就会变成什么。他们的行为会越来越像你所期望的那样。因为他们能够明显感受到你对他们的评判。

我们不妨再回顾一下第一章里提到的几个例子。那些公司的员工是不是已经变成了小偷、懒汉、骗子和笨蛋,或者正走在变成这些人的路上?

有一家大公司的创始人兼 CEO 在读到帕蒂·麦考德总结的奈飞文化准则中的第一条"我们只招成年人"后,如获至宝,她说:"一下子击中了我们这些企业家和企业管理人员的要害。是啊,我们为什么要花时间去和一个思想幼稚、任性冲动的员工打交道呢?我们为什么要花时间教育员工不撒谎、不迟到早退,不可以无故请假呢?如果是一个心智健全的成年人,这些都不是问题。心智成熟的成年人最需要的是空间,但他们经常因为那些不成熟者而受到了压抑。这一点被我标志为'成熟',从 2002 年 12 月开始,每次给公司新晋升的经理和应届毕业生进行培训时,我都会强调这一点。看来,我和麦

第四章
重新定义员工

考德算是'英雄所见略同'了。"

其实这位 CEO 根本就搞错了。麦考德的真正意思是要将员工当作成年人来看待。如果你把员工当作成年人看待，信任他们，而不是控制他们，绝大多数的员工是不会让你失望的。麦考德在这一思路的主导下，取消了奈飞公司几乎所有保守的政策和流程，其中就包括休假审批制度。员工可以自由决定自己什么时候休假，休多长的假期，而不用再像以前那样要向主管请假。结果她发现，员工们会在夏天休一两周假，有时候会在节假日休假，偶尔还会休假去看孩子的球赛，而这些休假和取消这项制度之前几乎一样。

麦考德由此感到，应该相信员工会对自己的时间负责。这同样适用于其他的制度。

麦考德说，自己打心眼儿里讨厌"赋能"这个词。她说："人们之所以如此关心员工赋能，仅仅是因为现行的员工管理方法剥夺了他们的权力。我们对所有的事情过度管理，反倒削弱了员工的权力。"

麦考德曾经在实行传统管理模式的太阳计算机系统公司和宝蓝软件公司做过人力资源管理，对传统管理模式的弊端深有体会。她一针见血地指出："大部分公司依靠建立一套智慧控制系统，自上而下地做出决策，同时又通过培养'员工敬业度'和'员工赋能'来调节这套系统。奖金和薪水与年度绩效考核关联；大型人力资源项目疯狂上马，就像最近流行的终身学习项目；通过搞庆祝活动来建立与员工之间的友情，让每个人都乐在其中。对那些表现不佳的员工实行绩效提升计划。人们认为，这些措施有助于员工赋能，提升敬业度，然后提升员工的工作满意度和幸福感。这些主流的'最佳实践'看起来很有道理，但其实具有误导性。"

麦考德在进入奈飞工作后，开始对组织管理有了一种新的深刻理解。她说："人都是拥有权力的。企业的任务不是要对员工赋能，而是要从员工踏入公司大门的第一天起，就提醒他们拥有权力，而且为他们创造各种条件来行使权力。一旦这样做了之后，你会惊讶地看到，他们会带来多么了不起的工作成果。"

是的，正如罗森塔尔效应具有双面性一样，只要我们改变先前对员工的荒谬又可怕的假设，同样的员工就会焕发出完全不一样的光彩！

你假设什么，你就得到什么。改变对员工的假设，就等于是重新定义员工。

奈飞改变了对员工的假设，对员工实行玩娱授权、授信管理，结果奈飞高速成长，成为可与苹果、谷歌、Facebook 比肩的大公司。现在奈飞一家公司就占据了美国整个互联网流量的三分之一，可见它是多么受顾客欢迎！这也说明，改变对员工的假设是极其有效的。

身份行为学的分析

韩都衣舍刚刚创立的时候，连一名资深设计师都招不到，只有 40 名山东工艺美院刚刚毕业的、跟着创始人赵迎光做了几个月代购的大学生。

从惯常的眼光来看，这些稚嫩的、初出茅庐的大学生是算不上什么人才的。但是，赵迎光也只能用这些学生了。

赵迎光不得不思考怎样才能让韩都衣舍存活下来。他反复思考，拿出了一条原则："什么制度可以让员工下班后不去 K 歌、喝酒，晚上睡觉还想着工作，就用什么制度！"

这时候团队的分歧出现了。一种声音认为，既然要干自有品牌，那就把手下这 40 名学生分为设计部、采购部、销售部，因为所有的服装品牌都是这样干的。但是，和别的公司一样走寻常路，能在服装行业的红海中杀出一条血路吗？

显然很难。因为韩都衣舍作为一家新创公司，无论在资金、技术还是渠道、人才上，都不如别人，还沿用别人的管理制度，怎么可能胜过别人呢？

赵迎光想，这帮学生在自己做代购的时候不就是个体户吗，现在要做自有品牌了，无非是加上设计、拍照和供应链管理等环节，那为什么不继续沿

第四章
重新定义员工

用个体户模式呢？赵迎光认为，个体户模式更能激发这帮学生的斗志。

两种声音谁也说服不了谁，大家相持不下。于是，一场决定韩都衣舍命运的"车库试验"开始了。

当时韩都衣舍的办公区在一南一北两座车库里，赵迎光把40名学生分成两拨，分到南车库的那拨继续用"个体户"模式，20个人，每人发2万元资金，让他们自主设计款式，设置页面，上传产品，定价销售，独立核算。每天公开各自的排名。分到北车库的20人分成设计组、视觉组、采购组，按传统方式运营。

结果对比很快就出来了，简直是天差地别！

南车库的"个体户们"晚上一直加班到很晚才下班，下班回到家也没心思去睡觉，而是继续趴在电脑前选款式。而北车库的年轻人们提前15分钟就开始收拾桌子，到了五点半就准时下班。结果，不到三个月，南车库经营的服装几乎没有库存积压，而北车库的库存堆积如山。

为什么会这样？

这批大学生本身的学识、能力和经验并没有本质上的差别，大致在同一水准线上；他们所面临的任务与挑战也是一样的，都是要在服装网购市场上赢得一席之地；他们的工作环境也是一样的，都是很简陋的车库。

为什么最终呈现的结果天差地别呢？

我们可以用身份行为学的框架来分析一下（见表4-1）。

表4-1 韩都衣舍身份行为学分析

	南车库员工	北车库员工
身份	从学生到老板	从学生到普通员工
价值观	为我自己干，我要负全责	我只是服从命令的一分子
能力	能力快速提升，迅速适应市场	能力原地踏步，甚至有所倒退
行为	努力学习，承担责任	按部就班，得过且过
环境	车库	车库

玩娱授权
从授权管理到授信管理

从表4-1中，我们可以清晰地看到，南北车库的员工，最本质的变化是自我身份认知的变化。被分到南车库的员工，实际上的身份是老板。他们被授予了自主管理的所有权力，他们知道自己可以做一切决策，同时要承担一切责任（无限责任），所以他们会非常用心，凡是在能力上有欠缺的，就会非常努力地学习，并且敢于为自己的试错承担责任。由此，他们快速成长，具备了在市场中生存的能力。就库存而言，那些卖不好的服装该打折时狠狠打，绝不手软，因为清空了库存，多少还有点回款，否则就会沦为只有账面价值的一堆废品。

而北车库的员工，身份还是传统授权管理模式下的员工，他们只需要接受各自所在的职能部门的领导的指令就可以，每个人都承担有限责任，把自己的一亩三分地管好就行了，而无须对整体的盈利状况负责。这样的身份感导致他们没有任何动力去学习和成长，能力自然就不会提升，最后只能是看着一堆库存却无动于衷，自顾自地享受生活。

"车库实验"奠定了韩都衣舍"小组制"的基础，决定了这家公司今后的发展道路，也决定了这家公司今后的命运。

这个案例生动而强悍地揭示了这样一个道理，员工是什么样的人，具备什么样的能力，取决于组织如何看待他们以及他们如何看待自己。

就像帕蒂·麦考德所说的那样，我们早已一再强调，员工无须赋能，他们潜力无穷，关键就在于通过正确赋值以及玩娱授权，激发他们的无限责任意识。

本书作者之一的陈泓希在为写作本书而做调研时，专门与以超越常规而闻名天下的美捷步客服做了一次详细沟通。

首先让我们感到不一样的是，美捷步的客服代表明示了自己的名字。这和我们通常的体验是完全不一样的。绝大部分公司的客服人员在顾客面前出现的时候，只是报上一个工号，无论她的声音有多甜美，态度有多良好，你都很难把她和一个活生生的人对应起来。因为对方只是一个工号，一串没有意义的数字。

工号，是一种对人的异化，是要抹去作为一个人的所有个体特征，以统

第四章
重新定义员工

一、标准、毫无二致的公司形象出现。这和监狱里囚犯的号码并没有本质上的区别。这是一种典型的非人化措施，就是要抹去作为一个人的独特个性，而呈现出完全同质化的服务。难怪很多客服代表做久了，就会觉得自己只是一个机器人，机械地按照事先设定的套路敷衍顾客。工号体系实质上是在发出一种暗示：人与人之间是没有区别的，谁都可以替换谁。可笑的是，当客服工作结束的时候，很多公司还会要求顾客给客服代表打分。当一个人连名字都没法展示给你的时候，这个打分又有什么意义呢？

以下为陈泓希与美捷步客服人员珍妮的对话实录：

陈泓希：我正在为写一本关于如何更好地管理公司的书做调研。我发现 Zappos 是一个自我管理公司的好例子。你能给我提供更多关于 Zappos 的信息吗？谢谢！顺便说一句：我读过 Delivering Happiness（中文译名为《三双鞋》），我学到了很多东西！

珍妮：你好！感谢您在 Zappos 与我聊天。我很乐意尝试尽可能多地回答你的问题。你有什么问题呢？

陈泓希：你好，珍妮！Zappos 是如何成为一个自我管理的公司的？

珍妮：老实说，它开始于谢家华（CEO）。他喜欢阅读和学习，他读了一本关于合弄制（英文为 Holacracy，与等级制 Hierarchy 相对）的书，他采用了合弄制的原则和思想，并应用于 Zappos。

陈泓希：哈哈，谢家华真是个天才！

珍妮：我们还没有完全实现自我化管理，但我们在大约 5 年前，也就是 2014 年 1 月左右开始学习合弄制。这个链接可能对你有所帮助：https://www.zapposinsights.com/about/ho…这是关于 Zappos 如何开始学习合弄制的故事。

陈泓希：哇！非常感谢！

珍妮：这是托尼读过的书：http://www.reinventingorganizations.com…

陈泓希：哇！Zappos 如何管理文化呢？

玩娱授权
从授权管理到授信管理

珍妮：我们有 10 个核心价值观，最初有 30 多个，但我们意识到，其中许多只是另一个的重复版本。

陈泓希：Zappos 至今仍然在使用它们吗？

珍妮：这是 Zappos 的核心价值观：https://www.zapposinsights.com/about/co…

珍妮：是的，我们采用价值观来招聘。这个文化创造了 Zappos，一个很棒的 Zappos。我们是一家人。我们感谢并尊重每个部门所带来的成果。我们相互支持帮助并相互推动。

陈泓希：这也是我在书中读到的内容。

珍妮：尽管听起来好像有点玄乎，但这就是事实。

陈泓希：真棒！我听说有人说 Zappos 有很棒的客户服务，这就是我和你聊天的原因！事实证明，这是真相！

珍妮：我们努力做得更好！我们喜欢与客户交谈并与他们建立关系。有些是闲聊，有些是正经的事情，这非常酷。我们尽可能地解决顾客的问题。

陈泓希：非常感激！我也知道 Zappos 每年都会制作一本文化书，今年关于什么的？

珍妮：我个人还没有看到它。但是，你可以参考它的链接：https://www.zapposinsights.com/culture-…

珍妮：根据我的理解，这是一本年度手册，记录了我们公司里发生的事情和记忆。

陈泓希：谢谢！我稍后会读。我可以要谢家华的电子邮件地址吗？

珍妮：ceo@zappos.com

陈泓希：非常感谢你！我会试着联系他。

珍妮：没问题！

陈泓希：最后一个问题，实际上也是一个很傻的问题：你喜欢你的工作吗？

珍妮：非常喜欢！我们现在正在做桌面装饰比赛，我的团队选择了 20 世

第四章
重新定义员工

纪 90 年代的一种自动点唱机的风格。我们买了一件 Reptar 品牌的服装，我的一个同事，跑来跑去地往人们身上扔五彩的纸屑。这里充满尊重，内部的鼓励是无处不在的。当然，生活每天都会有起有落，但我不会拿我的工作和我同事的去做交换。

珍妮：我强烈建议你来拉斯维加斯参加我们的公司园区之旅。

陈泓希：真的吗？那一定很有趣！

珍妮：你将能够看到整个公司。这是一次 90 分钟的游览，你将能够看到我们的园区，并亲身体验我们的文化。此外，我们还有为期 3 天的文化夏令营，您可以在我们的 Zappos Insights 团队中学习。你可以参考链接 https：//www.zapposinsights.com/training…

陈泓希：我现在是一名高中生，夏天我可能会去洛杉矶。有机会的话我一定会去拉斯维加斯！

珍妮：当然，这些游览全年都可以进行，您可以在自己方便的时候预订文化营地。

陈泓希：非常感谢你的信息，珍妮！

珍妮：没问题，还有什么我可以尝试为你回答的吗？

陈泓希：这就是今天我想知道的。

珍妮：没问题！祝你好运！你可以随时关闭聊天。

陈泓希：谢谢！祝你有个美好的下午！

珍妮：你也是！

陈泓希：再见。

看完这段与美捷步客服代表珍妮的对话，你有什么感觉呢？这难道还是我们惯常认知中的客服人员吗？作为一个鞋类销售网站的客服人员，难道不应该把宝贵的工作时间用于和顾客交流关于鞋码、款式、价格、退换货等售后服务的问题吗？公司给你发薪水，难道就是用来和顾客闲聊的吗？而且一聊就是这么长的时间。

玩娱授权
从授权管理到授信管理

在这段 20 多分钟的闲聊中,你会发现珍妮谈到了很多事情,对公司的价值观非常熟悉,而且熟练地给出了一系列的详细链接,以便顾客点击了解更多。在一般的公司中,你能想象一名客服人员这样大谈特谈企业的价值观吗?她怎么能记得住在我们印象中这么枯燥的东西呢?这不应该是高管们做的事情吗?

而且,珍妮还谈到了自己对这份工作发自内心的喜欢,以及他们正在开展的有趣活动。在此之前,你看到过哪个客服人员对自己的工作是如此热爱的吗?

珍妮说:"生活每天都有起有落,但我不会拿我的工作和我同事的去做交换。"你能想象一名通常是刻板冰冷的客服人员,会说出这样充满智慧的话吗?这不应该出现在美国电影的结尾吗?为什么在一次非常随意的对话中就出现了?从这里,我们是否能看出美捷步的文化确实已经深入员工的骨髓了?

美捷步的十条核心价值观的第一条就是:通过服务让人们感到惊叹。从上述对话来看,珍妮真的做到了!

深入思考一下,我们就会发现,和一般公司的客服人员相比,珍妮作为美捷步的客服代表,是一个活生生的人,而绝大多数的客服人员被迫成了机器人。这是两者之间在身份上的本质区别。

从身份的区别开始,两者的能力与行为也向着两个完全不同的方向发展。但我们绝不能说,这两者间的区别是不可逆转的。她们的身份并不是天生的,而是被组织赋予的,或者说是被组织定义的(见表 4-2)。

表 4-2 客服代表的身份行为学分析

	一般的客服代表	美捷步的客服代表
身份	机器人	活生生的人
价值观	按规定完成任务,不出差错	竭尽所能地满足顾客需求
能力	死记硬背	灵活应对
行为	被规章制度所操控	自主决策,自动自发
环境	刻板冰冷的隔间	丰富生动的工作空间,还可以搞桌面装饰大赛

第四章
重新定义员工

组织根据自己的管理模式对员工的身份进行定义。授权管理模式下，以控制为核心特征，必然会将员工定义为形形色色的机器人，或者是应隐形的囚犯，绝不会给他们哪怕是多一点点的自由。而授信管理模式下，以信任为核心特征，也必然将员工定义为具备自主能力和主观能动性的人，允许他们在价值观的边界内自由行事。

组织对员工身份的定义影响重大且深远。即便是孩子，也会受到身份定义不同的影响。

我们再来看一个孩子的案例。

在加拿大多伦多有一所专门诊疗儿童的医院，叫作"病童医院"（Sick Kids Hospital）。该医院每年都会接收几千名患有癌症的儿童。这是加拿大最顶尖的研究型儿童医院，他们需要测量各种治疗方案的有效性以及儿童所感受到的痛苦程度，以便得出最佳的治疗方案。

所以，医院需要获得儿童关于疼痛水平的每日报告，但问题在于，小病人们每天都在承受着病痛的折磨，很难持续地完成每日的痛感报告任务，特别是在病情恶化的时候。而对医生们来说，断断续续的报告价值不大。因此，医院迫切需要一种可以激励孩子们稳定持续地完成痛感报告的方法。

医院的研究团队和一家传媒机构合作，开发了一款苹果手机 App——捕痛小分队（Pain Squad），专门用于收集孩子们每天的痛感水平。

在这个 App 中，孩子相当于是参与了一场游戏，他们在游戏中被招募参加了特种警察部队，他们的任务是完成追捕"疼痛"的任务。App 每天会提醒孩子们两次报告痛感水平。

游戏给参与"捕痛小分队"的孩子们设定了"特警"的身份，并且设有明确的晋级机制。如果孩子们连续三天完成痛感报告，他们就可以从"菜鸟"升级至中士，然后一步步升到首席长官。

游戏中设置了一个"捕痛小分队"总部，在这里，孩子们可以即时看到自己已经获得的徽章，以及提交下一个报告的截止时间。为了给孩子们更多的鼓励，激发他们的参与热情，研发团队专门从加拿大热播的警匪剧剧组请来几位英雄的扮演者，拍了一系列小视频。这些小视频就像彩蛋一样，随机分布在任务进程的各个环节中。有时候，孩子们不经意间就能看到心中偶像的视频。而且在视频中，演员对参与游戏的孩子的称呼会带上孩子已经获得的头衔，让孩子感觉自己的头衔就像是真的一样。这种随机的激励，极大地强化了孩子们的好奇心和参与感。

这个游戏让孩子们在管理自己疼痛的过程中，找到了一种掌控感。

研发团队的创意负责人科瑞·艾瑟特劳特（Cory Eisentraut）说："这款应用实际上让孩子们充满了能量。最开始开发这款游戏的时候，我们并没有意识到这些患病的孩子对自己生活的掌控是如此微弱——基本上，生活中没有什么事是他们说了算的。通常情况下，他们会被告知何时去医院，会接受什么样的手术，会在医院待多久。这些没有一样是他们可以自己决定的。他们被剥夺得已经太多了，被迫停止学业，长时间与朋友们处于分离状态。而这款游戏让他们拥有了一种掌控感，赋予他们力量来对抗癌症。这种价值的交换远远大于乐趣，这款游戏也因此成为治疗和康复的一部分。从实际效果看，孩子们提交给医生的数据，不仅能帮助他们自己，而且能帮助更多的病人。我们不确定孩子们是否意识到了他们这样做的意义，但他们确实做到了。"

从数据来看，"捕痛小分队"带来的变化是惊人的。

研究项目负责人詹尼弗·斯廷森（Jennifer Stinson）说："在之前一项针对患关节炎儿童的研究中，我们在为期2~3周的研究中，只获得了76%的完成率，并且由于缺乏动力，在第二周和第三周，完成率明显下降。那项研究使用的是电子日志，没有设计类似'捕痛小分队'这样的激励机制。后来，我们让22名患病儿童在两周时间内每天使用这款游戏两次，最终，我们获得了接近90%的完成率。并且，第一周和第二、三周的数据之间没有差异。男孩与女孩之间的数据也没有任何差异。这款游戏使得孩子们发自内心地希望在两周时间结束的时候，在游戏中获得更高的头衔。"

为什么一个虚拟的头衔可以如此轻易地改变孩子们的行为？在游戏前后，孩子们的内在到底发生了什么样的变化？

第四章
重新定义员工

我们一向以为,孩子们的自控能力很弱,不像大人那样在面对病痛时坚强勇敢。但病童医院的案例告诉我们,这种看法是完全错误的。孩子们并不缺乏控制力,他们只是缺乏我们对他们积极的身份定位和强烈的正向预期。

孩子们其实潜力无限,我们用不着过多地考虑对他们赋能,只要给他们足够的信任以及自由发挥的空间,孩子们的表现一定会超越你的预期。

孩子们是这样,那些把员工当作未成年人来严格管控的组织,是不是也该好好自我反省了呢?

改变身份,就会改变信念价值观,改变能力,改变行为,甚至会去改变环境。这就是身份行为学带来的神奇变化。无论孩子还是成人,都会因为自己身份意识的转变而让自己的外在行为彻底改变(见表4-3)。(关于"身份行为学"的更多论述,可参见"玩具思维三部曲之二"《玩家意识》第二章)

表4-3 病童的身份行为学分析

	参与捕痛小分队之前的孩子	参与捕痛小分队之后的孩子
身份	病人	(不同级别的)特警
价值观	我改变不了什么	我可以通过自己的努力获得晋升
能力	被完全限制	在游戏中自由发挥
行为	被动接受各种治疗	积极主动
环境	医院	作战区

对于组织及其管理者来说,这是一个非常有价值的工具。如果我们希望自己的员工充满活力,勇于担责,敢于创造,为什么要给他们进行负面消极的身份假设呢?为什么不给他们正面积极的身份定位呢?

玩娱性头衔、花名和外号

事实上,一些玩娱授权组织已经认识到了身份行为学的价值,并将其付诸实践。他们应在组织中为员工提供正式头衔之外的富有趣味的玩娱性头衔,甚至鼓励员工给自己创造玩娱性头衔。

这些玩娱性头衔一方面活跃了组织氛围，对员工释放了强烈的玩具思维信号，另一方面则消融了等级制度对于人性的抑制与伤害，让员工摆脱了正式头衔的约束，从而让组织充满活力与新意。

我们来看一些具体的案例。

在迪斯尼乐园里，我们可以听到和一般娱乐服务行业截然不同的话语体系。比如：

游客/顾客——来宾

雇员——演职员

公共区域——舞台

限制区域——后台

招聘——选角

职位——角色

领班——主角

制服——试装

招聘面试——试演

美国的愿望成真基金会（Make-a-Wish Foundation）是一个非营利性机构，其使命为帮助命悬一线的孩子实现愿望，让人类充满希望、力量与快乐。在这个机构中，因为受迪斯尼的启发，员工被鼓励自己创造能够描述自身独特价值、身份以及才能的职位头衔。

首席执行官苏珊·勒奇（Susan Lerch）首先给自己选了一个风趣幽默的头衔——愿望神仙教母（Fairy Godmother of Wishes）。听到这个头衔的人，都会会心一笑。在苏珊的带动下，其他员工也纷纷脑洞大开，想出了一系列风趣又贴合自身工作职责的头衔。

金钱与理智部长（Minister of Dollars and Sense）——首席运营官

第四章
重新定义员工

寒暄女神（Goddess of Greeting）——行政助理

魔法信使（Magic Messenger）——公关经理

报喜官（Herald of Happy News）——公关经理

数据公爵夫人（Dutchess of Data）——数据经理

欢乐记忆制造者（Merry Memory Maker）——许愿经理

这些头衔不仅仅在公司内部被认可和相互称呼，而且还出现在员工的名片上正式头衔的旁边。在协会的网站以及电子邮件的签名信息中，也会出现。

在美国诺瓦特医疗公司（Novant Health）也有一系列的玩娱性头衔：

细菌杀手（Germ Slayer）——处理感染性疾病的医生

快击手（Quick Shot）——给孩子打脱敏针的护士

寻骨者（Bone Seeker）——放射技师

令人意外的是，这组采用新头衔的员工，经过一段时间之后，工作倦怠情绪下降了11%；而参照组的员工则没有什么变化。

甚至在大学的课堂上，也出现了这种玩娱性头衔。美国印第安纳大学的经济学教授爱德华·卡斯特纳瓦对自己的课程做了一番玩娱化改造。如下所示：

学生——玩家

课堂陈述——游戏任务

课时——经验值

考试——打怪

家庭作业——锻造

学习合作小组——游戏公会

当员工或学生们顶着这些玩娱性头衔去工作或去学习的时候，工作或学习的性质已经变成了一场游戏，工作或学习的场所也变成娱乐场所了。身份

玩娱授权
从授权管理到授信管理

的微妙变化让工作变得有趣，让相互间的关系变得轻松，最终的工作成果和学习成果自然是远胜于从前。

阿里巴巴公司采用了另一种玩法。每个加入公司的人，都要从武侠小说中给自己找一个武侠人物的名字做自己的花名。为人熟知的有：

马云——风清扬，阿里巴巴创始人
张勇——逍遥子，阿里巴巴集团首席执行官
邵晓锋——郭靖，阿里巴巴集团首席风险官
王帅——奔雷手，阿里巴巴集团首席市场官
张建锋——行癫，淘宝网总裁

花名不是头衔，但在公司内部用花名相互称呼，实际上也是重新给自己设定了身份。武侠小说中的各路大侠，性格鲜明，品行端正，当一个人以这样充满正能量的花名作为自己在组织中的称呼的时候，他们不知不觉地也会以这个武侠人物的忠信诚意来要求自己。

而且，花名也打破了组织等级的约束感，在公司中营造出一种江湖气息，让员工觉得从上到下都是一起打拼的兄弟，更容易凝聚团队精神。在创业初期，阿里巴巴的这种花名文化确实对企业的发展起到了重要作用。

后来，随着阿里巴巴的爆炸式增长，武侠小说已经没法满足十几万名员工每人一个花名的需求了。所以后来这方面的要求放低了，从最初只能从金庸武侠小说中取名，放开到所有的武侠小说，再到所有的小说都可以，只要所涉及的人物是正面人物即可。这时候，阿里巴巴的花名文化已经有流于形式之感。但这种做法，是符合身份行为学的要义的。

在以色列，存在着一种"绰号"文化。这个绰号不是指一般人的，而是特指那些手握重权的社会精英人士的绰号。以色列是世界上唯一一个这样的国家，每个权力人物，包括总理和军队政要都有一个所有人，包括普通老百姓都可以随便叫的绰号。

以色列的两位前总理本亚明·内塔尼亚胡（Benjamin Neatanyahu）和阿

第四章
重新定义员工

尔·沙龙（Ariel Sharon）的绰号分别是"比比"和"阿里克"。国防部参谋长摩西·亚阿隆绰号"妖怪"，前国防部参谋长摩西·列维绰号"高佬"，雷哈瓦姆·泽维绰号"甘地"，政府高级部长艾萨克·赫尔·佐格绰号"臭虫"……

这些绰号都是可以公开称呼的。这充分释放了一个信号——以色列人不拘礼节的背后，是对等级制度的蔑视，是坦率沟通的标志。绰号给了其他人一个重新定义身份的机会，弥合了彼此之间社会地位的差距，确保双方可以用一种平等的姿态来畅快沟通。

正因为如此，以色列才会以一个弹丸之地、四战之地，发展成为世界上首屈一指的创新大国。

贝宝公司（Paypal）在收购了以色列一家科技公司 Fraud Sciences 后，CEO 汤普森去开全体员工大会。当他开始讲话时，每双眼睛都全神贯注地凝视着他，没有人发信息，没有人上网，没有人打瞌睡。当他宣布开始开放式讨论后，大家的注意力有增无减。汤普森后来回忆说："他们提的每个问题都很尖锐，有洞察力。当时我甚至有些紧张，我以前从未在短时间内听到过这么多打破惯例的言论，而这帮人不是同级的同事或监察员，只是资深的普通员工而已，但他们不会因为所发表的言论触及贝宝多年来一贯的做事方式而压抑自己的想法。我从未见过如此坦率、不加掩饰、不惧传统、完全专注于一件事的态度。我禁不住想，究竟是谁在为谁工作呢？"

汤普森最后这句话真是画龙点睛——究竟是谁在为谁工作呢？

按照常规的思路，贝宝收购了这家以色列公司，这些员工应该是为贝宝工作的。那么，当他们面对贝宝的 CEO 时，就该尊重其想法。但这些以色列员工却表现出无限责任意识，好像公司就是他们自己的一样，而贝宝的 CEO 也是为他们服务的。

显然，以色列以"绰号"为标志的无等级文化是一切的根本。当等级观念、身份意识不再对员工起到束缚作用的时候，组织中的信息流动就会真实通畅。而这显然是以色列公司、以色列人的核心竞争力所在。

员工就是动态 CEO

从上述身份行为学的分析，我们知道了重新定义员工的巨大威力。你怎样定义员工的身份，他就会以怎样的身份来行动。

那么，在玩娱授权（授信管理）组织中，我们应该怎样摒弃传统管制模式的桎梏，来重新定义员工呢？

每一名员工都应该是一位动态 CEO，拥有解决当下客户问题所必需的调配组织内外一切资源的权力。

在玩娱授权组织中，权力不再为金字塔顶端所垄断，而是分布于与顾客接触的每一个触点上，随需而动。在这种分布式权力结构下，在每一位顾客触点上，员工的身份就跳脱了组织内职位、岗位、头衔的限制，而成为一个自由人。

当然，这种自由必然是基于组织价值观的自由裁量权。

在 FAVI 公司曾经发生过这样一件事。

有一次，所有人都下班了，只有一位叫作克里斯汀的女员工因值夜班还留在公司里。晚上八点半的时候，电话突然响了。打电话来的是一位很重要的新客户——意大利菲亚特汽车公司的审计员。他刚刚下飞机，需要 FAVI 公司派人去接他，并送他去皮卡第工厂。他要参观皮卡第工厂，看看其产品质量能否符合菲亚特的标准。同时，他还和 FAVI 的 CEO 佐布里斯特约好了会面。

当时，克里斯汀并不知道打电话来的人是谁，也不清楚这些重要信息。当她知道电话那头是公司的访客，需要有人接机后，她立即和他约好了见面地点，然后挂断电话，拿了公车的钥匙，也没和任何人请假，就开着车前往机场，将访客送到了 90 公里之外的位于皮卡第的酒店。

第四章
重新定义员工

然后,克里斯汀回到公司,继续完成清扫工作,没有和任何人汇报这件事。

第二天,CEO 佐布里斯特惊讶地发现,这位重要客人准时来到了皮卡第工厂和他会面。而在前一天晚上,他还以为这位菲亚特公司的审计员爽约了。审计员的航班原本是晚上 7 点钟到达的,但因为飞机延误而没有到。佐布里斯特等他到 8 点,也没接到电话,就以为他可能取消了这次参观。

后来,佐布里斯特评价克里斯汀默默所做的贡献时说:"当公司遇到难题时,她不再是'值班员',而是'整个公司'。"

"整个公司",不正是我们所说的动态 CEO 吗?

如果我们用身份行为学的框架思考一下,整个行为逻辑结构就一清二楚了。当一名员工是动态 CEO 的时候,他没有任何借口做不好工作,他绝对会尽到无限责任。

稻盛和夫在拯救日航时,帮助日航制定了日航经营哲学四十条,其中有一条就是"每个人都是日航"。

每个人都是日航,就意味着每个人都是日航的动态 CEO,都要为日航的复兴尽到超越固定岗位的责任。

日航的社长植木义晴是飞行员出身,在为日航复兴而努力工作期间,他在面试飞行员的时候,也体现了"每个人都是日航"的精神实质。

他说:"在最终面试中,我经常问:'你成为机长以后能为公司做什么啊?'大家都会统一口径似地回答:'维护安全、追求准时性。'我和他们说:'那是必须的,正因为你们能做到这一步才会被录用为机长。我不是要你们说那些,你们要告诉我怎么样获得更多的客源。如果想不到,可不能说是合格的机长。'于是他们会回答说:'等我安定下来之后,可以这样做……''不行,在安定下来之前,从第一天开始就要凭着作为机长的自豪感去做这些事情!'"

实际上,植木义晴社长这样问话,就是把每一名机长都当作了日航的社长（CEO）。

我们回忆一下，在第一章里提到的四季酒店的门童、迪斯尼乐园的司机、梅奥诊所的护士，他们不都是玩娱授权组织里的动态 CEO 吗？

组织之外的员工

员工可以通过重新定义而被激活，即便是监狱的囚犯，也能成为米其林的大厨。

员工可以通过重新定义而成为组织的动态 CEO，即便是一名扫地的值班员，都能将意外事件处理地井井有条。

那么，我们还能怎么重新定义员工呢？

在传统的认知中，员工一定是拥有正式组织身份的人，每天到组织报到，每月到组织拿钱。

但是，我们依然可以突破想象力，颠覆固有的认知，将员工重新定义为一切为愉悦顾客这个目标服务的人。

也就是说，凡是为了愉悦顾客的目标服务的一切人员，都是公司的员工，而不必受组织隶属身份的限制。

从这个角度来看，顾客以及任何有对应性专长的第三方人士，都可以被定义为我们的员工。

在美国巴尔迪摩，有一家年收入达 1 亿美元的蜡烛工厂，其产品已经成为美国名牌，在梅西（Macy's）、TARGET、COSTCO 等大型商场或超市都能看到他们的产品。

他们生产的不是普通的蜡烛，而是带有浓郁香味的时尚蜡烛，用于各类节日和聚会，种类超过了上万种，香型超过了 4000 多种，其香精的供应商也是兰蔻、古奇等世界顶级香水的供应商。

但这些都不稀奇。让人非常意外的是，他们把车间的现场管理交给了客户，让客户来管理车间的生产！

第四章
重新定义员工

像梅西商场这样的大客户，在工厂车间里专门设了一个项目经理，现场督导工厂的生产。这种督导，并不是走马观花式的走过场，也不是坐在监控中心里通过监控器观察。项目经理是扎扎实实蹲点在车间里的，他们的照片和联系方式就贴在车间的白板上；车间工人也都知道他们是客户派来的，而且他们来现场也不用告知工厂的管理人员，说来就来，来了就要签到，就跟在自己公司上班一样，只是他们的工资不由这里发放。即使他们有时候没在车间现场，只要生产过程中遇到与客户有关的问题，随时都可以与他们联系，而不用请示老板。

有了项目经理驻场，工厂就能与客户共同拟订精准的生产计划，然后把具体的产品计划贴在车间的墙上，让每一位工人都清清楚楚。这样一来，在没有使用任何现代信息技术的情况下，工厂竟然做到了零库存！而且，库存也没有转移到商场那里。因为计划是商场与工厂反复敲定的，都是小批量、多品种的，生产计划也都是根据往年的数据并走访用户和消费者后决定的，所以，商场也几乎没有库存。

客户派来的项目经理并不仅仅是旁观者或者督查员。工厂的每一道流程、每一道工序，以及线上每一位员工的绩效考核和薪酬，还有生产现场的具体管理要求和标准，都是这位项目经理与工厂协商而定的。项目经理有权进行具体的管理，而工厂的现场负责人则积极配合这位客户代表的工作。两人配合协调得很好，因为大家的目标都是及时生产出用户满意的高品质的产品。

当客户的项目经理来到了蜡烛工厂的车间，他的身份就被重新定义了，从客户代表变成了类似于车间主任的角色。他完完整整地拥有了知情权、参与权和决策权，也就是被完全地玩娱授权了。同时，他的工资还是由原来的公司发放，这样，他就是不折不扣的组织之外的员工了。

在美国西部，有一家"艾米农场"，占地54.6亩，其中有十几亩地种植了几十种瓜果蔬菜，还养了3头牛、4匹马、20多只羊、100多只鸡和鹅等家禽。工作量之巨大可想而知，但是管理农场的却只有两个人：30多岁的艾米和她的父亲兰迪，而且从来没有感到人手不足。他们是怎么做到的呢？

关键的秘密就在于他们重新定义了员工。

玩娱授权
从授权管理到授信管理

农场的工作仅靠艾米和她的父亲根本忙不过来，主要是志愿者在干。农场的志愿者多的时候有 100 多人，有人甚至开车 80 多公里来干农活。

"艾米农场"最大的管理特色就是"四个随便"：门随便进、活儿随便干、菜随便摘、钱随便给。这可以说是最典型的授信管理，而且不是对内部员工，而是对外部的志愿者（顾客）。

周一至周六，"艾米农场"欢迎任何人来参观或劳动。人们可以在这个农场随便进出，随便溜达，没人管。地里的农活只要愿意干的，就可以去干。

在农场的小商店门前有一块小黑板，上面写着当天志愿者来了可以帮忙干哪些活儿，还提醒人们：天热别忘多喝水、干活别忘戴手套、临走别忘带点菜回去……

菜园里时不时有某种蔬菜可以供人们随便采摘，不要钱。小菜店里的果蔬和蛋类、冰箱里的肉类，还有农场加工的奶酪、果酱等标着价格，旁边放一个盒子，谁买东西就自己把钱搁在盒子里，自己找零钱，也可以用旁边的移动刷卡机自己刷卡。

多数志愿者是奔着可以免费摘一种大甘蓝菜才来的，然后顺便在农场里看看牛、喂喂羊。农场还为摘菜的游客提供免费的塑料袋。

兰迪一点也不担心这种在超市每千克卖 4 美元左右的大甘蓝会被哄抢，或者有人偷摘其他菜。他说，这几个周末因为来采摘大甘蓝的人很多，自助商店里卖的其他菜、蛋、奶的收入翻了一倍。

在这个案例中，玩娱授权得到了充分体现。当农场信任顾客志愿者的时候，顾客就成了农场的编外员工。

在东京千代田区神保町，有一家有 12 个座位，提供套餐的未来食堂。虽然只有老板一人在运营，但午餐时最高的翻台率可达 10 次，月销售额约 110 万日元。

一个人如何应对 10 轮食客？事实上，未来食堂有一个特殊的"帮手机制"：来过店内一次的顾客，只要在店内帮忙 50 分钟，就能免费吃一顿。店主表示："事实上，我是和帮手一起运营食堂。"从开门到关门，食堂一天至多能雇佣 7 位帮手。食堂自 2015 年 9 月开业一年半以来，已经聘请过 450 多位帮手，包括

第四章
重新定义员工

非营利组织的主管、想要开餐厅的人士、学生、创业者,等等。

未来食堂在重新定义员工的做法上,和艾米农场并无二致。

事实上,在互联网的强力支撑下,任何本来和你并无关联的第三方都可以是你的员工。

华盛顿大学的生物学家大卫·贝克的研究方向是蛋白质。他遇到了一个难题是,当蛋白质结构呈直线延展开时,会形成一条很长的氨基酸序列。这项研究的棘手之处在于,蛋白质结构不是以直线形式排列的,它们会自我重叠,而精确预测这种重叠模式简直比登天还难。

后来,贝克受电影《欢乐满人间》的启发,意识到具备游戏成分的工作往往更容易完成,于是,他对这项艰巨的任务进行了改造。他和团队设计了一个办法,以游戏的形式吸引玩家参与竞赛,为蛋白质折叠问题寻找答案。很快,这款名为 Foldit 的小游戏吸引了德莱昂的志愿者玩家,最终,贝克没有花一分钱,没有招聘任何额外的员工,就成功解决了蛋白质折叠之谜(这是玩具思维的运用)。

在电影《波西米亚狂想曲》中有一句台词,Queen 乐队的吉他手布赖恩·梅说:"我想给观众一首他们可以参与表演的歌,让他们成为乐队的一部分,他们可以做什么呢?"在这个想法的驱动下,Queen 乐队最著名的单曲之一《We Will Rock You》诞生了。当时是 1977 年,观众们一般在演出上不会跟着摇滚乐队一起唱,但布赖恩·梅却看到了观众参与的可能性与力量所在。《We Will Rock You》也由此成为有史以来观众参与感最强的歌曲之一,在大型体育盛会和大型演出中,经常上演全场互动的壮观场景。

如果我们懂得顾客和其他任何第三方实际上都可以参与我们的生产与管理,那么,我们就将重新定义员工推到了一个全新的高度!

是的,We Will Rock You!

组织防御的阴影

在重新定义员工的时候,要特别注意防范组织防御的死灰复燃。

我们所谓的重新定义员工,是建立在高度信任的基础之上的。这和组织防御心理是不能并存的。一旦出现怀疑、防范,信任的基础就会动摇,重新定义员工也就将成为泡影!

我们来看一个案例。

2019年3月17日这天中午,一位姓陈的女医生在由柳州去南宁东的动车上,忽然听到车内广播紧急呼叫,说三号车厢内有一位乘客不舒服,急需医生乘客帮忙救治。

在医生职业本能的驱动下,陈医生不假思索地赶了过去。到了三号车厢一看,发现是一位年纪四十多岁的男性乘客,大汗淋漓,自诉左腹疼痛,伴有恶心,无呕吐,感觉胸闷,但是无心悸现象,也未进食不洁食物。

陈医生详细询问情况并查体后,判断患者可能是胃肠功能紊乱、肠炎,建议先吸氧处理。正好列车上的备用药箱里有藿香正气丸,她就地取材,给患者口服后,患者腹痛慢慢得以缓解。

看着腹痛渐渐缓解的乘客,陈医生建议他下车后到医院去诊治,最好去做腹部彩超及肠镜检查,以确诊和排除其他疾病可能。

正当陈医生忙完,准备回到自己的车厢时,却被列车乘务员叫住了,并请她出示医师证。医师证作为行业资格认证,是用于医生注册执业时提供的证明,并不同于身份证和驾驶证,一般不会随身携带。

陈医生表示自己没有携带医师证。乘务员于是又提出查看她的身份证和车票,并进行拍照存案。同时,还要求她写一份情况说明,并且必须要在文末注明以上内容是她本人亲笔所写,然后签名画押,留下具体联系方式。

就在这时,陈医生又发现,在她对那位腹痛乘客实施救治的整个诊疗过程中,列车工作人员站在一旁默默地把全程都录了下来。

第四章
重新定义员工

这让怀揣着救死扶伤之心的陈医生感到阵阵寒意,也让她委屈不已。

在这个案例中,陈医生就可以说是组织之外的员工,当旅客出现病痛的时候,她毫不犹豫地承担起了无限责任。但是,列车工作人员的种种举动,无非是想在万一出意外的时候,可以将责任锁定在陈医生身上,而自己可以脱身事外,不用承担任何责任。

列车工作人员这样的行为背后,是深深的组织防御心理,这极大地挫伤了陈医生的积极性。下一次再遇到这样的突发情况,有过如此经历的陈医生还会义无反顾地冲上前去吗?恐怕以后就不会再有这样的无限责任员工出现了。

这绝对是组织的悲哀!这也说明,组织存在着严重的问题,与玩娱授权、授信管理的大趋势背道而驰,必将被时代的浪潮抛在身后。

所以,我们要极力避免组织中出现这种伤害信任的防御行为。如果出现了,则一定要高度重视,快速积极地解决,以免负面影响扩大化。

第五章
重新定义领导

玩娱授权
从授权管理到授信管理

玩娱授权组织对员工提出了挑战，但最大的挑战却是针对领导者的，特别是针对金字塔尖的大老板。

为什么呢？

道理很简单。玩娱授权是将知情权、参与权和决策权授予全体员工，让他们成为每一个顾客触点上的动态CEO。当员工拥有了权力，领导者的权力自然就分散了。否则，如果领导者还是牢牢地握着权力不放手，就不是玩娱授权组织了。

玩娱授权组织，实际上是在夺领导者的权。

那么，在玩娱授权组织中，领导者是不是就不再被需要了？是不是就不能发挥作用了？

答案当然是否定的。

在去中心化的玩娱授权组织中，那种高高在上、唯我独尊、发号施令的领导者确实没有存在的价值了，但是，如果领导者能够重新自我定义，就能发挥出不可或缺的影响力。

那么，领导者该如何重新定义自己呢？

第五章
重新定义领导

领导者的自我超越

面向未来，领导者首先要认清玩娱授权的大趋势。

这一点，我们还是结合后喻时代顾客与员工的"00后化"来阐述。

心理学家马斯洛提出的需求层次理论对于理解人们的需求及动机很有价值，如图5-1所示。

图5-1 马斯洛需求层次示意图

马斯洛认为，首先要满足一个人吃喝住行等确保生存的生理需求，然后在此基础上，一步步提出更多的需求，一直到自我实现的需求。在他看来，人是在其他需求都得到了满足之后，最终才会提出自我实现的需求的。这个分析在00后世代出现之前，大致是符合现实生活中人们的需求心理的。

但是对于00后世代来说，情况并非如此。这个全新时代的人，十分注重自我，他们首先就要在衣食住行上展示自我、实现自我。其他层次的需求当然也不例外。也就是说，对自我实现的需求贯穿了00后世代的所有需求，如图5-2所示：

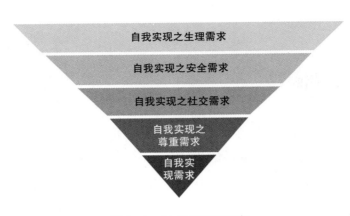

图 5-2　00 后的需求层次

当这样的 00 后成为顾客、成为员工后，领导者如果还是用权威强制型的授权管理模式，必定会惨遭失败。

所以，无论领导者乐不乐意、情不情愿，只要你想赢得未来，让自己的组织在明天的市场上有立足之地，就必须考虑实施玩娱授权。这是一个不容忽视的大趋势，也是一个将会引爆管理模式革命的大趋势。

马斯洛原本将自我实现视为人的最高层次的需求。后来，他又提出了一个更高的需求层次——自我超越。

马斯洛的这个"自我超越"的概念，正好可以用来为未来的领导者指明一条前景光明的出路。

当所有的员工都追求自我实现时，领导者应该追求的就是自我超越。

具体来说，领导者就是要将自己从一个发号施令的老板转变为一个为员工提供服务的人。之所以将这样的身份转变称之为"自我超越"，是因为从人性的角度来看，让一个养尊处优的人放弃颐指气使的权力操控感，放低身段和姿态，来给自己此前的下属服务，确实是非常不容易的。即便是虚怀若谷的领导者，也很难一下子完成转变。

这不但需要勇气，而且需要智慧。但是，这又是唯一的一条道路。既然这是一件必须要做的事，领导者们为什么不开开心心地去做呢？

领导者实现自我超越的方式唯一方式就是自我剥夺，让自己处于传统意

第五章
重新定义领导

义上的弱势地位。

为什么要叫作"自我剥夺"呢？

因为传统组织的权力是掌握在领导者手上的，除非他们自己剥夺自己的权力，否则没人可以剥夺他们的权力。

自我剥夺之后的领导者在组织中确实显得十分弱势。

《奇葩说》是一档火爆的互联网综艺节目，其出品公司是米未传媒，这家公司基本上符合玩娱授权公司的标准。

节目主持人马东是这档节目的核心人物，也是米未传媒的创始人。按照常理推断，马东在公司内部应该是说一不二的。但事实上，马东在公司里甚至连座位都没有，他只能站着办公。公司的其他两位创始人也都没有办公室，都是夹杂在员工中间工作。据米未传媒的联合创始人牟頔介绍："所有来我们公司上班的小朋友会感觉到，这个公司：一没有老板，二没有硬管理制度。米未任何人在任何时候、任何事情上都可以'手撕'老板，我们三个创始人都有这样的'受虐倾向'。所有制度都可以随时被质疑，只要合理就能迭代。创作团队可以选择项目结束后一个月不上班进入'蓝天期'。虽然这样的文化让我们从传统企业'挖'过来的人力资源总监非常痛苦。但这样的好处是什么？就是只要建立一个简单的规则，就可以让组织得以维系和自我驱动。所以，在这个公司的生存逻辑是这样的，你可以混着，但是你没有成长，更没有钱赚；你也可以奋斗，你就会过得很好，很有成就感。最终，少数混日子的人一定会离开。"

在这样的公司，核心人物马东是不是显得很弱势？

罗辑思维是另一家符合玩娱授权标准的公司。

据该公司 CEO 脱不花介绍，公司的组织，除了技术团队和财务之外，全部是纵向编队的战斗小组。一个战斗小组，从买手选品、商务谈判、策划创意和文案撰写、商品页面制作、物流监控、全程客服、财务对账，全部自己完成，打通从商品选择到服务的全流程。一个小组的基本配置是三个人，既要懂商品，又要懂创意和内容，还要懂服务；然后，公司在利润上，直接与

玩娱授权
从授权管理到授信管理

小组进行分红，形成内部创业机制。公司的控制点就是把公司所有的资源进行模拟定价。

创始人罗振宇是这家公司的核心人物。但这位老板在公司里据说也显得很弱势。公司的办公室没有固定座位，每个人都可以根据自己的喜好和项目的需要，随时换座位。包括创始人在内，没有任何人有独立办公室和特殊的办公设备。罗辑思维内部发行一种节操币，每名员工每月可以领到10张，但必须把节操币赠送给在团队协作上表现良好的同事。结果，一直没有人发给罗振宇，他只能装作委屈的样子诉苦，才赢得了小伙伴们的"同情"。

这样的老板，哪里还像一个老板的样子？

谷歌的CEO埃里克·施密特作为一名资深高管刚刚入职谷歌时，感到很不适应。公司给他安排的办公室，明显不像是给CEO准备的。而等他走进办公室时就更惊讶了，里面竟然已经进驻了好几位软件工程师，而事先根本没有人和他打招呼。施密特主动退让，搬到了隔壁一间带一个窗户的房间，但这个房间看上去更像是一个储藏室。

尽管如此，几周后，更离谱的事情发生了，他的办公室里又多了一位不告自来的室友。这位工程师不顾别人的劝阻，执意要搬进CEO的办公室。他和施密特亲密共处了几个月后才搬走。

这样的CEO，哪里还有半分公司第一高管的威严和荣耀？

SEMCO公司的老板塞姆勒经常出去旅游探险。但是有两次他回到公司后，发现他的办公室被人搬到别的房间去了，而且每次都是变得更小了。

请问，还有哪家公司的员工敢在老板不在的时候动他的东西，甚至不打招呼就把他的整个办公室给搬走了？

看起来，这些玩娱授权公司的老板们都陷入了前所未有的弱势地位。但事实上，正是这样的自我剥夺，打破了壁垒森严的等级制度，把员工们的活力释放了出来。

同时，这些自我剥夺的老板们并没有因为自己的示弱而真的变得无足轻重。相反，这些主动放弃强制性权威的做法，在让他们完成了自我超越的同

第五章
重新定义领导

时,更为他们的道德人品加了分,强化了他们的人格魅力,从而得以在推动组织向玩娱授权转型的过程中发挥更大的作用。

领导者的玩娱授权悖论

在推动公司向玩娱授权组织转型的时候,领导者一方面要想方设法地削弱自己手中的传统权力,破除员工此前对自己的依赖;另一方面,领导者又必须依靠自己手中的传统权力,确保组织按照玩娱授权的方向推进。

事实证明,目前几乎所有的玩娱授权组织,都是自上而下,由组织的一把手推动转型的。这个颇具讽刺意味的矛盾现象,就是领导者的玩娱授权悖论。

由此可见,领导者在转型初期是非常重要的,他必须以一个组织中心人物的身份来承担组织去中心化的重任。这是必不可少的一个步骤。这也是领导者自我超越的重要体现。

我们来看看,四季酒店作为早期的玩娱授权组织是如何实现转型的。

20世纪70年代中期,四季酒店的创始人伊萨多·夏普就决定把公司打造成世界顶级的酒店集团,尽管当时在他的创业之地加拿大,四季酒店的品牌距离家喻户晓还差得很远。所以,他的大多数员工,特别是主管人员,对他的想法不以为然,也就是可想而知的了。

伊萨多提出,酒店的管理只能基于一个简单的目的——取悦顾客!所以要优先使用有奉献精神的员工。但他的主管们认为,主要的目的就是利润,而制度和监管则是控制员工创造利润的手段。伊萨多没有过多地责怪他们,因为他知道,这是当时任何商业领域的普遍认知。大多数经理都假设员工不会努力工作,必须在"棍棒"驱使下做事。

伊萨多洞察到,酒店里拿着最低工资的普通职员、调酒师、餐厅服务员、厨师、客房服务人员以及洗碗工,是最少被激励的群体,但正是他们,决定

玩娱授权
从授权管理到授信管理

着四季酒店能否提供五星级的服务。他决心激励员工成为自我管理者。在一次全体总经理会议上，他说："我们的顾客和一线员工的关系是至关重要的。而顾客几乎没有机会见到你们，更别提和你们交谈了。他们几乎只和一线员工接触，另外也就是几名基层管理者。如果这些接触使我们想要终身保留的顾客失望，我们就会失去这些顾客。现在你们在管理中的挑战，就是要到金字塔的底部，去激励我们薪酬最少的员工，让他们感觉到，他们不再是普通的工作人员，而是代表着公司在为顾客服务，并打造着我们的顾客群。"

我们不得不佩服伊萨多这个商界奇才的远见与洞察力。虽然他没有提出"每名员工都是动态CEO"的理念，但他已经发现了身份行为学的奥妙，要让高管和员工们突破一线员工只是普通工作人员的身份限制。这可是在大约50年之前啊！

同时，伊萨多也提出了与"无限责任员工"以及"玩娱授权"内涵高度一致的说法。他说："我们不能通过法规或者管理来控制质量，这只能是服务机械化。我们需要员工有能力，并且愿意应对任何突发状况。他们应该是那些能够及时出现在现场，解决甚至预见问题的人。而这意味着肩负责任的同时又拥有权力。"

但是，伊萨多的理念在刚开始的时候却很难被执行。当时，几乎每家酒店的经理都认为老板就是命令发布者。这些经理们可能也会谈论团队合作，但是他们真正想要的是按照要求去做且不对他们提任何问题的员工。可是，酒店真正需要的是愿意并且有能力在问题发生时立即进行处理的员工。于是，伊萨多只能开始他的巡回布道。在随后好几年的时间里，他一直在巡查旗下的酒店，用不同的方式反复对各个层级的管理者宣讲："记住，如果我们不改变自己，是不可能改变员工的行为的。我们必须要让员工学会独立思考，按照自己的想法去做，这样的员工才能应对突发状况。我们要让他们将公司的利益看成是自己的利益，并且自觉履行责任。事实上，我们就是要让他们成为自我管理者。"

伊萨多苦口婆心地反复宣导，公司旗下的一些酒店终于有了改善，尤其

第五章
重新定义领导

是由新招聘的年轻人所经营的酒店。但并不是所有的酒店都是这样。到了1980年，情况依然不容客观，但伊萨多已经无法忍受了。公司内部逐渐分成了两派，伊萨多知道价值观是一家公司的内在核心，如果发出混乱的信号，就会影响整个集团的氛围。于是，他利用手中的最高权力，做出了最强硬的决定。那些不致力于在公司内部激发基层员工依靠自己、信赖自己、激励自己去创造一流氛围的经理必须走人！

最终他裁掉了一些高层领导，尽管其中的一些人非常专业，但伊萨多必须保证公司的价值观凌驾于任何事物之上，而不是某些人凌驾于公司的价值观之上。

伊萨多推行玩娱授权的过程，就是一个典型的悖论。在一个习惯了上传下达，唯命是从的金字塔组织中，推行新事物最管用的方法就是运用权力扫清阻力。当然，伊萨多此前像一位布道者般的宣导，也是非常重要的。

在伊萨多耐心而又强力的推动下，四季酒店迅速以"几近完美的服务品质"打响了品牌，成为全球服务行业的典范。

现在，我们该明白，在第一章里出现的那个门童CEO绝不是偶然的了吧。

再来看看理查德·布兰森的故事。

布兰森是英国维珍集团（Virgin）的创始人，素以行事疯狂著称，参加过几乎所有的极限运动，是一个不折不扣的玩家型领导者。他擅长运用玩具思维来推广企业的品牌，他的维珍品牌进入了数百个行业，大部分都取得了成功。这是一个大多数人难以企及的成就。

如果你知道维珍的英文原意是"处女"的话，就会知道布兰森这个敢于拿"处女"作为公司名称和品牌名称的家伙是有多么"不正经"了。布兰森非常善于进行玩娱授权，他往往利用自己的行为向组织中的所有员工做出示范，释放信号。

在他的自传中，布兰森这样写道："你们很少看到我穿西装、系领带，除了在温布尔登网球公开赛上（那里有严格的着装要求）。当然，你们可能

玩娱授权
从授权管理到授信管理

会在婚礼或女王的晚宴上，看到我穿着西装、系着领带的样子。而在工作时，你们从未看到过我穿西装和系领带。这是为什么呢？因为数十年来，西装和领带让生意人背上糟糕的名声，它们是大垄断公司留下的多余遗产。而在这些公司中，创新向来都不受重视。不幸的是，西装与领带束缚了商界太多年，许多年轻人错误理解了它们对成为企业家代表的含义。有创造力的人很少会穿西装、系领带的另一个原因是：大胆的创意很少在会议室或办公室中诞生。多数创意都来自最鼓舞人心的生活体验。创新不会穿着制服，创新者也不该穿西服。生意人应该脱下西装和领带，穿上更舒适的衣服。对于 CEO 或经理们来说，他们没有任何理由与团队中的其余人保持穿着上的不同。在我们伦敦和纽约的办公室中，我们鼓励人们自由着装。在任何一天，你都能看到穿着 T 恤和运动鞋的人；夏天的时候，你甚至能看到有人穿着短裤和拖鞋。走进办公室，你马上就能感受到令人放松的氛围，看到丰富的创意。"

布兰森还有一个很极端的论断：维珍的员工系上领带之后叫什么？被告！请自行用身份行为学分析一下这个充满张力的说法。

更可怕的是，布兰森不但自己不穿西装、系领带，而且会在公开场合趁着别人不注意，拿出剪刀直接把别人的领带剪断！有好几位商界大咖，就是在和维珍的合作庆典仪式上被布兰森出其不意地剪掉了领带！

组织中上行下效的威力是巨大的，布兰森很快也尝到了员工对他出其不意的"袭击"。

布兰森特别重视维珍航空美国公司在拉斯维加斯的首航，但他完全不知道团队为这次首航准备了什么项目。维珍航空美国公司的媒体总监艾比·鲁纳迪尼只是告诉布兰森"我们不会让你失望的"，就啥也不说了。

等布兰森到达拉斯维加斯，穿过棕榈树酒店的大门时，注意到很多人都仰着脖子看着天空。他不知道这些人在看什么，他只感觉到这一天拉斯维加斯的风特别大。接着，答案揭晓了：布兰森将被从酒店 140 多米高的楼顶抛下来。

第五章
重新定义领导

布兰森对活动负责人艾比·鲁纳迪尼以及克里斯汀·崔说："难道你们真的打算让我这么做吗？"

艾比解释说："如果你能从棕榈树酒店的楼顶跳下来，一定很有趣。我们在地面准备了庆祝活动，两位魔术师会出场，还有所有的媒体都在等你跳下来。"

布兰森感觉到风力更大了，地面上的棕榈树都被吹弯了腰，他估计风力得有每小时80千米。布兰森后来回忆说："当时，我脑子里开始响起一个声音：拒绝吧，理查德，这太疯狂了。告诉他们你不干，然后离开。"

但是现场已经有那么多媒体在等着了，大家的期望值甚至比楼顶还要高。理查德走进通往楼顶的电梯。到达顶层后，他走出电梯，深深地吸了一口气，给自己绑上了安全带。他在准备往下跳的时候，风吹得更猛烈了。他突然改变了主意，解开了安全带，回到了电梯。

艾比和克里斯汀显然吓呆了。艾比问："我们被解雇了，对吗？"

布兰森说："我需要一点儿时间独自思考一下，15分钟后打电话到我的房间。"

15分钟后，艾比来敲门了。他说："理查德，我们理解你不愿意跳下楼。不过你能不能跟我们到楼顶上，让媒体拍点照片？"

理查德再次回到了楼顶。这时，四周竖起的墙挡住了强风。有人说："嘿，风好像也没那么大啊。"

地面上的人，已经被魔术师鼓动起了热情，大声喊着："跳下来！跳下来！"理查德咬咬牙，跳了下去。他刚一跳下去，就知道自己犯了大错，他完全不能控制自己的速度和方向，结果他以超过每小时160千米的速度，被风拍到了建筑物的另一面墙上。

幸运的是，是他的后背撞到了墙，而不是脸。这次撞击把他的牛仔裤的后面完全撕开了，屁股流了很多血，大腿和手臂都被划伤了，手上全是淤青！

玩娱授权
从授权管理到授信管理

等到他最后到达地面时，已经是一瘸一拐的了。好在他运气不错，如果是正面撞到了墙上，估计就完全毁容了。

维珍公司的员工疯起来比老板还会玩。你见过还有哪家公司的员工敢这样安排的吗？而这位老板竟然也心甘情愿地任由员工摆布！这可能是被玩娱授权的员工所能做出的最大胆的行为了吧！但也正因如此，维珍的员工才敢于决策，敢于担责，敢于突破常规，这正是维珍屡战屡胜的原因。

当然，艾比和克里斯汀差点让布兰森小命玩完的后果是一切如常，该干什么还是干什么。

通过布兰森的故事我们可以知道，领导示范是企业文化形成的关键因素。对致力于向玩娱授权组织转型的领导者来说，这是非常重要的参考。只是，讽刺的是，只有借助于领导者在传统金字塔结构中的影响力，才能更好地废除领导者的影响力。

领导者的玩娱授权示范还在于努力克制自己的表达欲望。

英国玛莎百货公司的 CEO 安德鲁·斯通在主持董事会时的做法也很值得借鉴。当时，玛莎百货正在开发一个全球性的采购策略，以供应其不断增长的国际零售业务。斯通起草了一个模糊的大纲，然后介绍给了前来开会的 12 位董事会成员。大家的疑问是："安德鲁，这真是一个绝妙的主意，但是这个策略还没有实行，我们应该怎么做呢？"斯通回答说："不要问我。你们知道，我常常有太多的想法，但从来不知道如何将其付诸实践，而你们却能很好地去实践它。"

在一阵大笑之后，房间里陷入了沉默。随后，氛围彻底转变，整个房间里充满了令人兴奋的对于建议、计划和方案的自由讨论。

斯通成功地控制住了自己，并以此激发出了他的同事们无比强大的创造性。

第五章
重新定义领导

互动服务型领导关系

在伊萨多·夏普的精心打造和力行不懈下,四季酒店成为一个极为优秀的玩娱授权组织。在多年的实践中,伊萨多深刻地认识到,必须把员工放在利润之前。他明确提出:"我们对待一线员工就像对待经营团队中的一员一样。我的工作职责就是让每一层级的员工关注到一点:取悦顾客。同时也让所有经理明确一点:取悦员工。"

经理愉悦员工,员工愉悦顾客。伊萨多的这个旗帜鲜明的观点对于"经理控制员工,员工服务顾客"的传统服务理念不啻是石破天惊的颠覆!

这个观点完全颠覆了组织中领导者的身份定位,因为服务是达致愉悦的基本通道。对酒店这样的服务行业来说,一线员工为顾客服务是天经地义的;而身居管理层的经理为自己的员工服务,则是闻所未闻的。

但若非如此,是不可能建立一个玩娱授权组织的。伊萨多本人身体力行,率先垂范。他在巡视各家酒店的时候,对员工的抱怨给予的关注,就如同对待顾客的抱怨一样。在他眼中,员工就是他的顾客,而他就是员工的服务员。

每次酒店设施升级的时候,他首先升级员工的设施。当伦敦四季酒店的员工对工作环境设施有所不满时,他立即安排,在3个月内就铺设了新地板,安装了新的储物柜和新的淋浴设施。

布道者和服务者,就是玩娱授权组织对于领导者身份的重新定义,如表5-1所示。

表5-1 领导者的身份行为学对比

	传统的领导者	玩娱授权的领导者
身份	老板	布道者,服务者
价值观	利润第一	愉悦顾客

玩娱授权
从授权管理到授信管理

(续)

	传统的领导者	玩娱授权的领导者
能力	无须学习成长	持续学习成长
行为	发号施令,控制员工	互动服务,信任员工
环境	等级森严的金字塔组织	平等交流的网状组织

我们知道,身份的本质是关系。每一个身份背后都是一组相互依存的关系。身份看似是属于个体的,但一定有一个相对方,才会有身份存在的意义。比如,老师和学生就是一对相互依存的关系。老师看似是一个个体的身份,但如果没有学生的存在,老师这个身份也就不存在了。

由此,我们可以在重新定义领导之后,对于组织内的领导关系(即领导与员工的相互依存关系)做一个全新的梳理。

图5-3即是传统的领导与员工之间的关系。

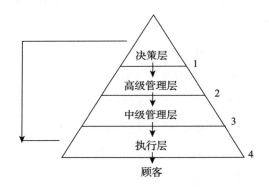

图 5-3 传统的领导关系

从图5-3可以看出,传统的领导关系是一种单向的、不可逆的关系,由领导者发出,沿着组织层次下行传递,组织各层级被动接受。

传统的领导关系的最大缺陷在于单向的流程无法获得关于领导有效性的必要及时的信息反馈,从而各领导层无法察觉被领导层的需求及其变化。最后导致领导力僵化、弱化、无效化。

而且,在传统的金字塔层级结构中,只有在环节4才有服务的出现,而

第五章
重新定义领导

且只是针对系统外的顾客的服务。从环节 1 到环节 3，只有指令而没有服务，整个组织的服务全部靠环节 4 中的执行层来实施。这样的服务意识可以说是不够全面的。

上梁不正，下梁效之。在这种情况下，无论威逼利诱还是谆谆教诲，组织都无法体现出发自内心的服务意识，那么，顾客对组织（系统）的满意程度就可想而知了。

所以，我们大致可以这样说，传统领导关系形成的领导力无法完全满足现代组织以及顾客的需求。

而玩娱授权的领导关系就突破了传统型领导关系存在的缺陷，并且综合考虑了各层级员工纷繁复杂的需求，这就是互动服务型领导关系，如图 5 - 4 所示。

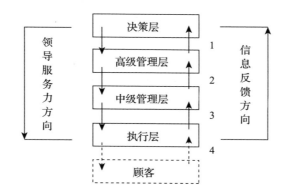

图 5 - 4　互动服务型领导关系

首先我们看到，传统的领导关系是一种金字塔（三角形）结构，是一种明显权力不对等的结构；而互动服务型领导关系则是一种矩形结构，寓示着平等的服务与交流。

互动服务型领导关系的核心在于在组织内（系统内）实行内部模拟市场化，在相邻的两个层级中，较高层级不再把较低层级视为下属，而是视为顾客。也就是说，在这种矩形结构中，从环节 1 到环节 4 全部是一个服务的过程。

玩娱授权
从授权管理到授信管理

决策层为高级管理层服务，高级管理层为中级管理层服务。推而广之，整个组织从里到外呈现出一种发自内心，纯属自然的服务意识。较高层级把较低层级的员工视为自己的顾客后，势必努力探求其需求及变化，竭力为其提供服务。

心理学的研究早已表明，对待下属和对待顾客的心态截然不同。我们把顾客看作上帝，我们要把产品卖给顾客，势必竭尽全力地探求其心理变化和需求变动。而当管理层把下属视为顾客，其心态（即身份意识）也将大变。心态的改变带来行动的改变。从原先的指令变为如今的服务，上层领导为下属提供一切便利，满足其所需，扫清一切有碍于积极性、能动性提高的不良因素，从而极大地提高领导的有效性。同时，较低层级出于对较高层级提供服务的回报，一方面将积极工作；另一方面将及时反馈信息，呈现出互动互求的态势。

这样一种鱼水交融的领导关系，必将使管理的有效性大大增强，激发出员工的无限责任意识，从而使组织活力勃发、高歌猛进。

在这种意义上，领导行为已经成为服务行为，领导关系也已成为服务关系。领导不再高高在上地发号施令，而是成为下属的"仆人"，致力于找出并满足下属的需求，为下属铺平道路、排除困难，使下属能够专心服务于顾客。

这正如伊萨多·夏普一向津津乐道的"如果他们为你工作，那么你也为他们工作"一样！

管理研究者戴维·布尔库什（David Burkus）也洞察到了这种趋势性的变化，认为随着知识经济时代的到来，工业型工作让位于知识型工作，传统管理模式已不能适应全新的环境。管理必须进行转型。他提出，企业面临的第一大问题是管理层与员工层工作职能的转变，因为在之前的工业型工作中，管理层（领导者）负责思考、做决策、解决问题，员工层只要负责实施就可以了。而现在不同了，无论是管理层还是员工层，都要去思考如何解决问题，对于一线员工来说，他们需要创新性的思维，而不仅仅是执行上层的决定就

第五章
重新定义领导

可以了。所以，对于领导者来说，不仅需要去评估工人的表现，还要转变他们管理的思维和理念，并去支持并服务于他们的员工。

在这样的大背景下，戴维·布尔库什提出了"员工第一、客户第二"的新管理理念。他说："新管理模式主要有两大特征：第一个是模式转变，在知识型的管理层，不像以前那样是老板去监督员工的表现，让他们去执行一些标准就可以了。现在我提出员工第一、客户第二，这并不意味着我们就不去理解客户了，不去关心客户的需求了，而是我们要通过爱护整天和客户打交道的一线员工，放权给他们，支持他们为客户服务。第二，在传统的管理模式中，老板更加注重个人的意见，现在更要注重团队的意见和团队的协作，所以每个人都是团队的成员，团队的责任是负责管理和执行标准。尤其在招聘过程中，原来是一个萝卜一个坑，一对一招聘，现在面试一般都是由团队面试，由团队决定要不要招聘这个人，这是非常大的改变。"

在一次媒体见面会上，有媒体向布尔库什提问：

您提出的"把员工需求放在首位，把客户需求放到第二位，通过提升员工的幸福感达到令客户满意的模型"的理念引起了很多争议。在中国，最具知名度和影响力的企业家马云，一向推崇"客户第一，员工第二，股东第三"。另一位与其匹敌的企业家马化腾则"视员工为企业的第一财富"，一些著名实业家，如海尔的张瑞敏、华为的任正非，也都宣称"员工第一"，他们的企业在中国都很成功。请问，"员工第一"或者"客户第一"是企业进化阶段不同的特征吗？

戴维·布尔库什的回答是：

我很认同阿里巴巴所说的股东第三的理念，因为这并不意味着马云不关注股东的利益，至于"客户第一，员工第二"的原则，则是取决于业务模型。阿里巴巴更多的是注重产品和客户需求之间的平台，所以他要先满足客户需求，然后才是员工，这与腾讯、海尔等公司的业务模型是不一样的。虽然我

玩娱授权
从授权管理到授信管理

不是完全信服马云所说的"客户第一,员工第二,股东第三",但是无论前两个关系怎么变,股东第三我是认同的。总之,无论客户或员工哪个放在第一位,只要能满足公司发展就是好的。

媒体再问:

对于企业家来说,如何平衡股东、客户、员工三者的利益关系?

戴维·布尔库什回答:

在我看来,我还是倾向于"员工第一,客户第二,股东第三"的利益关系。因为在我最近做的利益链调查中,我发现,如果我们想要为股东创造价值的话,就要让客户满意。而让客户满意,就是要让那些为客户创造价值的人满意,这就是我们的员工。因为员工是处于企业创造价值的链条上的,所以只有让员工满意了,客户才能得到更好的服务,最终才能从根本上为股东创造价值。

我们大体上同意戴维·布尔库什的基本判断,但就到底是"员工第一"还是"顾客第一",我想从本质上来厘清这个问题。

首先,员工、客户、股东三者实际上是一个利益共同体,不能从对立的角度来评判这三者的利益优先问题。

其次,我们不要僵化地来谈哪一方的利益优先,而是要从动态的角度来判断。在互动服务型领导关系下,员工为顾客服务,领导为员工服务。所以,我们可以很清晰地推知,领导要把员工放在第一位,员工要把顾客放在第一位。

况且,如果我们的员工个个都是无限责任员工,为什么不把他们放在第一位?凭什么不把他们放在第一位?

当然,如果领导者正好处于直接为顾客服务的触点上,那么在这个时候,领导者也是要把顾客放在第一位的。

第五章
重新定义领导

所以，从根本上来说，在玩娱授权组织中，基于互动服务型领导关系，顾客、员工和股东的利益是三位一体。我们要遵循的是"动态第一""触点第一"的基本原则。

两个医生的故事

有的领导者会对玩娱授权表示忧虑，担心自己放权之后，企业会失控。但事实上，在绝大多数时候，这种担心都是多余的。一方面，员工拥有权力并不意味着老板丧失权力。玩娱授权组织摒弃的其实是老板盲目的、不理性的权威，是对组织有害的权威。另一方面，在等级森严的控制型组织中，领导者的作用其实没有他们自己想象的那么大，甚至很多时候起的是反作用、副作用。

我们来看两个医生的故事。

有一位医生，我们叫他彼得吧，是一位权威的专家，在医院里的地位非常高，护士们对他十分尊敬。有一天，一位病人的右耳发炎了，来找彼得医生看病。彼得医生给他开了一支滴耳液。在处方上，彼得医生写下了"滴入Rear"，护士看到处方后，拿着滴耳液，拽着病人到了里面的房间，让病人脱下裤子，直接就把滴耳液滴入了病人的肛门！

在肛门用药可以治疗耳朵发炎？你听说过这种"神奇"的疗法吗？不论怎么想，也知道这实在是太荒谬了！

可是，这个护士为什么要这么做呢？

难道是彼得医生错了？他这位权威的专家是不是浪得虚名的，为什么会开出这种令人笑掉大牙的处方？

显然不是。

彼得医生在处方上写的"Rear"实际上是一个简写，"R"表示的是

"Right",意为右边,这是约定俗成的写法,并没有错;而"ear"是耳朵。所以彼得医生写的是"滴入右耳"。在处方上,"R"和"ear"(耳朵)之间其实是有空隙的,但因为是手写,间隔得不明显,护士一眼看成"Rear"了,而"Rear"在英语中是"后部"的意思,可以理解为"肛门"。人体后部除了肛门,也确实没有可滴药水的地方了。

但问题是,为什么这名护士没有质疑一下呢?滴到肛门里的药水怎么可能治疗右耳朵的炎症呢?

如果她对此表示怀疑,为什么不质询一下彼得医生呢?

事实上,是彼得医生的权威导致护士失去了思考能力。她不假思索地执行彼得医生的命令,哪怕是荒谬无比的命令。而且,即便她有所怀疑,也绝不敢冒着触犯权威的风险再去询问彼得医生。

我们再来看第二个医生的故事。

这个医生其实是一个冒牌货,根本没有学过医,也没有接受过任何医学教育,是个招摇撞骗的大骗子。这个人叫作弗兰克·阿巴格内尔,是一个诈骗犯。他在15岁至21岁期间,以精湛的技巧,在26个国家行骗,诈骗额超过250万美元,并数次逃脱追捕。1974年,他获得假释后,改邪归正,与FBI合作,担任其顾问,负责金融安全防护工作。

弗兰克写下了自己丰富多彩、胆大包天的行骗经历,其中就有一段是在亚特兰大的某医院冒充主治医生。

弗兰克为了逃避警方追捕躲到了亚特兰大。在租房的时候,弗兰克胡乱地填写自己是"儿科医生",谎称自己在加州行医。没想到这引来了一位真正的医生邻居的注意。这位邻居很热情,主动和弗兰克交往。为了不露馅,弗兰克去当地的图书馆里查看了一些医学杂志,掌握了一些儿科常用术语,然后凭着自己的小聪明,让邻居对他的医生身份深信不疑。

后来,邻居邀请他去医院共进午餐。弗兰克的冒险精神被激发了,欣然

第五章
重新定义领导

赴约。在这里，他遇到了一位心仪的护士，两人开始恋爱，弗兰克也因此经常去医院。到了医院，他无事可干，只好在医院的图书馆里翻阅各种最新出版的医学期刊打发时间。没想到，这个举动更加赢得了医生们和医院其他员工的敬意。他的护士女朋友告诉他："大多数医生认为你头脑聪明，即便你没有在职，也还是时刻为自己的专业领域努力。"

紧接着，好戏就登场了。有一天，医院的行政主任找到了弗兰克，请求他帮一个忙。

原来，在医院值夜班的人中，有一位带领7名实习医生和40名护士的住院医师，他家里有人去世了，需要请假10天。根据当地的法律规定，在这10天中，医院需要临时找一个人来顶替这位住院医师。而当时亚特兰大的医生严重不足，一时半会根本找不到。行政主任所以来找整天没事的弗兰克帮忙。

他需要弗兰克做的其实很简单，只要他在医院里坐上10天，从午夜到早上8点，什么事也不用做，这样就符合法律规定了，而且还可以拿到一笔丰厚的报酬。

弗兰克一开始是拒绝的，因为他只会几个刚从医学杂志上看来的医学术语，根本就是不懂装懂，怎么可能管理值夜班的7名实习医生和40名护士呢？

但是行政主任反复恳求说："我根本没有要求你去治疗病人，只是让你扮演一个代替的身份。至于行医执照，你并不真的需要。你有加州的执照，而加州的行医标准即使不比佐治亚州高，起码也是相同的，并且你已经被我们的医学团队认可了。"

弗兰克接受了这项看起来并不艰巨的任务。行政主任十分开心，说："你只要人在就行了。到处走走，露一下脸，跟实习医生们打打牌，和护士们开开玩笑，随便你做什么，只要你人在那里就行！"

但是在紧急情况下，实习医生和护士还是希望弗兰克能充当急诊医生。弗兰克靠着机灵和插科打诨混过了好几天，但是有一天，急诊室来了一个胫

玩娱授权
从授权管理到授信管理

骨断裂的十几岁男孩。弗兰克被紧急呼叫了过去。

弗兰克压根不知道该怎么处理。他看了看围着孩子的三名实习医生,问道:"这是什么情况?"

一个高级实习医生回答说:"是单纯的胫骨断裂,我们正准备去拍 X 光片。如果没发现其他问题,我觉得给他上个石膏,就可以让他回家了。"

弗兰克看着另外两个实习医生,询问他们的意见。这两个人持相同的看法。于是,弗兰克说:"好的,看来你们并不怎么需要我,行动吧!"

这个方法让弗兰克渡过了第一次难关。此后,每次接到急诊室的电话,他都会赶过去,询问实习医生一些关于病情问题,然后充满权威感地对实习医生说:"好的,动手干吧!"

就这样,弗兰克平安度过了 10 天替班的日子。就在他打算安全撤退的时候,行政主任又来找他了,说:"那位住院医师决定不回来了,你能不能继续留下来?"

弗兰克后来写道:"我决定继续装腔作势,和实习医生、护士以及其他名义上服从我命令的人员一起'让规章制度'见鬼去吧。护士们认为我是个可爱的怪家伙,对我从不为难她们十分感激。年轻的实习医生们则非常尊敬我,他们认为我有点古怪,却很有能力。他们中的一位对我说,你不像其他医生那样对待我们,如果我们在帮人看病的时候,他们走进来的话,就会说'靠边站',然后就接手过去。但你不会,你会让我们继续下去,并把病人交给我们。你让我们成了真正的医生!"

这真是一个莫大的讽刺!

一个丝毫不懂医学的冒牌医生,竟然赢得了真正的尊敬,还感激他让他们成了真正的医生,这活生生的一幕难道还不足以引发我们的警醒吗?

这两个医生其实是两个隐喻,代表了两种领导者类型。正牌的医生彼得就相当于传统的领导者,高高在上,说一不二;而冒牌的医生弗拉克就相当于一个玩娱授权的领导者,他信任员工,放手让员工去做。当然,他这样做

第五章
重新定义领导

真正的原因是他的无能,但客观上却起到了激励员工,推动员工自我管理的实际效果。

我们引用弗兰克的故事,并不是唆使你也到医院里去滥竽充数。这个极具反讽意味的例子告诉我们:领导者真正的使命是什么。领导者其实用不着紧抓着权力不放,事必躬亲。领导者只要为员工做好服务工作就可以了,正如我们此前一再阐述的,员工并不缺乏能力,他们并不需要赋能,他们需要你的赋值,需要你的信任,需要你的放权。

反观彼得医生,尽管自己医术高明,但他领导下的护士却犯下了荒唐可笑的错误。怎么能保证以后不犯人命关天的大错误呢?

在这两个故事中,我们会以为第一个故事里的护士是个傻护士,而第二个故事里的护士和实习医生很聪明。但他们之间的区别真的有那么大吗?导致他们傻或聪明的真正原因到底是什么呢?

如果你是一个领导者,你愿意当哪一种领导者呢?聪明护士和傻护士,你希望拥有哪一种呢?

领导者的象征性存在

当领导者通过自我剥夺,实现自我超越,推动组织管理陌生的变革,为组织及员工提供互动服务后,组织就会逐渐步入玩娱授权的成熟状态。这时候,领导者就可以考虑放手了。因为这个自我管理的组织已经可以正常运转而无须过多地干涉了。

正是领悟到了这一点,鲍勃·戴维斯才会堂而皇之地对员工说:"我要离开 8 个月。如果有时你觉得让我参与解决你面临的问题很重要,非联系我不可,我希望你先躺下来放松放松。等这种感觉消失之后,我希望你重新站起来去解决问题。之后,把问题连同解决方案一起发到我的邮箱中。"

玩娱授权
从授权管理到授信管理

　　领导者用自己的不在场（或少在场）、不干涉，来作为一个象征性的存在，就像组织里的空气一样，看不见，摸不着，但时刻都在，须臾不可或缺。

　　这种象征性的存在，实际上就是组织的精神偶像。一名领导者，只有在最彻底地自我剥夺，将威权控制削减至最低之后，才有可能成为组织的象征性存在。这种象征性存在，就意味着领导者是组织价值观最忠实、最坚定的拥护者和执行者。

　　诸如我们此前提到过的里卡多·塞姆勒、沃尔特·迪斯尼、佐布里斯特、伊萨多·夏普、稻盛和夫等，都是这样的象征性存在，他们都是互动服务型领导关系的楷模。

　　所有想要将自己的组织塑造成玩娱授权组织的领导者，都可以将他们作为象征性存在，而获得无畏的勇气和无限的热情。

第六章 创建玩娱授权组织

玩娱授权
从授权管理到授信管理

玩娱授权组织到底是一种什么样的组织形式呢？

不妨先思考一下，在组织管理方面，溪流能教给我们什么呢？溪流最突出的能力是适应与改变，随着能量的移动，又会呈现出新的结构。在这一适应性的背后，是水对于流动的需要。水因为重力作用而从高处流向低处，并最终回到大海的怀抱。溪流的形态虽然在变，但目标是明确的。结构的出现，仅仅是临时性的解决方案，所起的作用是创造条件而不是干预。

很多组织都缺乏这种信念，不相信能以灵活多变的方式实现自己的目标；不相信只要将关注点放在决心和愿景上，自己就可以有完美的表现。

玩娱授权组织就是溪流一样的组织，它不再像传统组织那样僵化、复杂。如果用最简练的方式来总结它的特点，那就是：

无限责任、动态权力、因需而生、随需而变。

看起来，这种组织管理模式对现有的组织管理模式是惊人的颠覆，但实际上，正如组织管理专家玛格丽塔·惠特利所洞察到的那样：自组织并不是什么惊天动地的新发明，它是人类一切活动形式的鼻祖。世界以这种方式运转了几十亿年，直到有一天我们人为地介入其中，试图掌控一切。

所以，无论是创建一个全新的玩娱授权组织，还是让现有的组织向着玩娱授权的方向转型，我们所做的无非都是顺应自然、顺应人性。

那么，我们应该如何行动呢？

第六章
创建玩娱授权组织

原初的动力

首先得有一个真真切切了解、接纳玩娱授权（授信管理）的理念，并且有着坚定意志，践行知行合一的领导者。

这样的领导者，是玩娱授权组织的原初动力。

一般而言，人很少能够抵御权力的诱惑。发号施令，让所有的人围着自己转，会让人产生一种成瘾般的快感。而做一名玩娱授权的领导者，必须主动开展自我剥夺，限制自己的权力。

这是一个对人性的巨大挑战。如果不能应对这个挑战，领导者就只会把传统授权管理的螺母越拧越紧，直到组织异化成一个独裁式的"一言堂"，所有的下属唯命是从，就像没有生命的机器人一样，整个组织充满着猜疑与防御，死气沉沉，看不到一丝创新的活力。

而且，玩娱授权悖论告诉我们，领导者的强大权力是组织变革转型的第一动力。如何既发挥权力的作用，又自我限制权力的使用，是一个非常考验领导者智慧的重大挑战。

就算领导者过了这一关，也还需要有强大的意志力，可以坚持到玩娱授权的成效呈现出来。这可能需要较长的一段时间。员工们早已对传统管制型的组织氛围形成了稳定的病态适应。正如俗话所言"病来如山倒，病去如抽丝"，积弊沉疴，哪有这么容易就转换过来的。员工对领导者的变革信心，对自身被限制已久的能力的自信，都需要时间来凝聚和复原。领导者必须有持久的耐心，才能看到玩娱授权生根发芽、开花结果。

具备这个先决条件之后，我们再来细看创建玩娱授权组织的一些重要原则。

选择合适的人

人永远是组织中最重要的因素。

埃森哲公司的 CEO 奈特说:"领导力的艺术不在于花时间衡量和评价,而在于选择对的人。如果你相信你选了对的人,你就应该用非常简单的评价方式给他自由和权限去创新。"

那么,什么是对的人?

就是那些能够动态适应和自我管理的人。具体地说,这些人需要具备 O2O 思维(Obstacles to Opportunities),即能够将障碍转化为机会的人。

这是因为,玩娱授权组织的每一名员工都是动态 CEO,在顾客触点上,要为顾客的即刻需求承担无限责任。而这样的时刻,往往存在着超越常规的困难。如果缺乏将障碍转化为机会的魄力与创造力,就没办法突破常规地去愉悦顾客。

那么,怎么挑选出具备 O2O 思维的员工呢?

心理学的研究可以给我们提供支持。心理学家马丁·塞利格曼将人的归因风格分成两类:一类是积极归因者,另一类是消极归因者。那些对困难、逆境进行永久性、普遍性、个人化归因的人,就是消极归因者;相反,那些对困难、逆境进行暂时性、有限性、外在化归因的人,就是积极归因者。

对同一个问题,积极归因者面对的是挑战,消极归因者面对的是困难。积极归因者相对于消极归因者更具热情和动力去改变现状,而不是被动接受、无可奈何。

所以,我们在为组织招聘员工的时候,要精心挑选出具备 O2O 思维的积极归因者。

当然,除了挑选对的人,我们还可以做更多。我们可以通过培训,将员工培养成对的人。心理学的研究表明,人的认知模式和思维模式并不是一成

第六章
创建玩娱授权组织

不变的，我们可以通过一些有效的方法，在组织支持的氛围中，让我们的员工距离"对"越来越近。

人是构建组织的基本单位和基本素材，必须要精挑细选。芝加哥四季酒店开业之前，为 500 个工作岗位面试了 1.5 万人，所有挑选出来的候选人都经过了 4~5 次面试，而且最后一次由总经理亲自面试。领导者在可能的情况下，要亲自参加这项工作。

充分信任员工

信任是消除组织防御心理的唯一方法。只有信任，才能确保组织内部坦诚、透明的沟通氛围，才能让信息自由流动、充分流动。

很多领导者会担心，员工获悉太多的信息，会带来很多预想不到的麻烦。但美国 AES 公司的 CEO 却说："我们公司几乎没有什么秘密可言，哪怕是未来可能进行的并购，其决策细节都是和员工共享的。有些人担心我们这样过于公开，信息可能会被泄露给竞争对手。但我们认为这个风险是值得的，要不然我们员工如何才能成为真正的商人？"

授信管理是对领导者的最大考验。领导者敢于信任员工，员工就会回报以更大的信任，并且以忠诚作为附加礼物。而且，领导者信任员工，也会使员工之间相互信任。

信任不仅仅是针对员工品格方面的，还体现在对员工能力的信任上。信任可以萃取出员工的最大潜力。平常意义上的能力，是流于表面的，潜力才是最大的能力。

很多公司现行的规则是因岗设人，即为了某个特定的目的而雇佣某一个看起来具备相应能力的人，然后一成不变地把这个人固定在这个工作岗位上。但这样做，就是极大地浪费了这个人可能具备的更大潜力。

沃尔特·迪斯尼就认为，仅仅是因为没有人去开发利用，人们大量的创造力往往就会在公司官僚层级框架内消磨殆尽。

但除非你真的信任员工，否则你不会接受他真的潜力无限。

信任也是组织所能提供给员工的最佳待遇。

就基本人性而言，我们往往会把最好的待遇给最信任的人。一旦你真的充分信任员工，你就会给他超越预期的待遇，因为你相信他值得拥有这样的待遇，相信他会创造出更大的组织价值来回报这份信任。

这也是玩娱授权组织"领导愉悦员工，员工愉悦顾客"的另一种表达方式。

推崇价值观的力量

实际上，每个人都是价值观的奴隶。

玩娱授权组织之所以敢于授予员工知情权、参与权和决策权，是因为其是以正确价值观为支撑的。玩娱授权组织内的一切权力，都是基于价值观的自由裁量权，从而也是基于组织一切资源的自由裁量权。

传统组织的权力来源与限制与此大不相同。在玩娱授权组织中，即便是最高领导者，也必须遵从价值观的约束。可以说，价值观才是玩娱授权组织的最高权力。

IBM 前 CEO 小托马斯·沃森说："与技术、资金、组织结构、创新和机遇等相比，组织的基本理念、精神和驱动力在决定组织能否成功方面显得更加举足轻重。所有这些要素在决定组织能否成功方面都很重要，但与组织员工对其基本理念的认可度和执行度相比，它们又都相形见绌。"

所以，必须推崇价值观，让价值观成为员工的本能行动准则。

价值观是容不得杂质的。这是组织最高精神层面的基因，只要稍有缺陷，就会复制出越来越多的"怪胎"。

对于那些无法认同组织价值观的员工，哪怕其能力再出众，也不能继续

第六章
创建玩娱授权组织

留在组织中。

美捷步公司有一项很有意思的制度,叫作"有偿离职"。

刚刚加入美捷步的新员工,前四个星期都在进行基本的与客户服务有关的培训,比如如何跟客户在电话中交流。公司会反复强调自己的文化和价值观。从第三周开始,如果有人决定离开,公司就会给他 4000 美元的现金。美捷步 CEO 谢家华解释说:"这会让员工仔细思考,是更在乎钱,还是更在乎公司和这里的文化。如果他们更在乎轻而易举得来的钱,那我们这里可能并不适合他们。"

美捷步的这个 4000 美元离职金,就代表了价值观的价值。这 4000 美元是从最初的 100 美元逐渐涨起来的。这也说明,随着美捷步的快速发展,其组织价值观也越来越值钱。

价值观也是玩娱授权组织的唯一裁判。

理解了这一点,也就能顺理成章地推导出玩娱授权组织内冲突协商的基本导向和方法了。

团队规模合理化

组织规模是信息流动及沟通成效的天敌。

组织规模大到一定程度,信息就不能充分流动、自由流动,沟通必然受阻,信息也会失真,相互误解就会成为常态。

某种程度上,结构即功能。组织的结构决定了组织的功能以及是否能够为顾客提供快速有效的服务。庞大的组织、复杂的结构、错乱的信息传达与沟通,必然不能满足当下及未来顾客的需求。

所以,为了避免这种情况,必须将团队规模控制在合理的范围之内。

亚马逊的创始人杰夫·贝索斯提出过一条"两个比萨原则",即团队人数不能多于两个比萨还吃不饱的人数。AES 公司的 CEO 丹尼斯·巴斯则认为,对于玩娱授权组织来说,能让工作场所保持好玩有趣的人数,就是合适的员工数量。

团队规模合理化对于大型组织来说,就意味着削减过多的层级(尤其是中层管理者),让组织扁平化。或者是在组织内部组建各种各样的有着弹性边界的迷你团队,比如稻盛和夫的"阿米巴",海尔的"人单合一"等。

扁平化相当于裁剪了大量的职位和头衔,这可以通过在组织内实行玩娱性头衔来予以补偿和优化。

弹性边界代表着团队的可塑性与灵活性。团队随时可以增加人或减少人,一切均根据具体的需要而定。

当然,我们一定要明白,仅仅是形式上的扁平化或迷你团队是没有用的,是无法建立真正的玩娱授权组织的。关键的内核还应参考以上几点。

要特别强调的是,所谓的团队规模合理化是在实践过程中测试出来的。一个团队到底需要几个人,需要什么样的人,是在组织内部找人,还是动用组织之外的"员工",都需要在进程中动态反馈、动态调整,从而以最优的状态满足顾客的需求。

玩是最好的社交

组织内员工与员工之间的互动,员工与顾客之间的互动,都属于社交互动。我们重点来讲讲如何运用玩具思维来展开组织内员工与员工之间的社交互动。

玩娱授权组织并不意味着组织内部不存在任何的竞争,所有的员工在一起都欢天喜地地玩耍。竞争实际上是促进团队优化和进化的最好方式。在玩娱授权组织内部,有很多拥有弹性边界的迷你团队,相互间必然存在着竞争。只是,玩娱授权组织提倡的是良性竞争,而不是恶性竞争。

事实上,对于组织内信息的流动、隔阂的消除、信任的建立、协同的形

第六章
创建玩娱授权组织

成,玩是最好的实现方法。

有位叫奈特·琼斯的技工,曾经受邀去给洛杉矶一家教养院里的少年犯做演讲。他没有按照常规的方式发表演讲,而是带去了他自己设计的小型赛车。到了演讲现场,他什么话也没说,就开始组装这辆赛车,孩子们分成几个独立的小组,很快围了上去,主动询问琼斯这是什么。然后,孩子们很快就开始帮忙了。最后,赛车组装完成了,琼斯让一个年纪最小的西班牙裔孩子坐到司机的位置上去,然后让一个中等个头的白人孩子以及一个非洲裔孩子来推车。结果,他们玩得很开心,将车子飞快地从斜坡上推了下去。

看守人员都惊呆了,他们告诉琼斯,这些孩子们能够协同起来,简直太难以置信了。他们说:"不同种族的群体之间平时甚至不与对方讲话,他们之间唯一的互动就是打架。"

更让人惊讶的是,一个即将获释的孩子请求在获释之后仍然能够继续待在那里,以便能参加下一次的汽车装配和竞赛!

这个故事生动而有力地证明了玩耍的威力。如果玩耍可以让充满敌意的少年监狱变得团结一致、欢声笑语,为什么不能让你的组织变得充满生机与活力呢?

我们之所以要将新型组织的名称定义为玩娱授权组织,就是看中了玩的价值与力量。创造玩娱组织,就是要让员工在组织中玩耍起来。玩耍可以让他们尽情释放想象力和创造力,玩耍可以让他们开展充满情趣的良性竞争,玩耍可以让他们消融竞争可能带来的负面影响。

要特别指出的一点是,在新员工刚刚加入的时候,给他们示范玩耍,带他们进入玩耍,是消除他们的心理防御的最佳时机。当新员工对于组织的价值观和文化氛围的理解还是一张白纸的时候,最容易融入组织。

所以,要鼓励组织内的老员工争做"消防队员"。这里所说的"消防"是"消除防御"的简称。玩娱授权组织中的"消防队员",其任务不是去消灭燃烧在物质世界中的明火,而是燃烧在人们精神世界中的暗火。

维新优先于维稳

组织的资源最应该用于哪个方面？

这是一个导向性问题。

对于玩娱授权组织来说，资源应该用于维护创新，而不是维护稳定。

玩娱授权组织本来就是为了应对商业世界日益增长的不确定性而产生的。维护稳定，就是维护旧有的做法，而旧有的做法已经明显不适应新的形势了。

明知道凭着一张旧船票没法混上新的客船，却不去想方设法买一张新船票？这难道不是更大的冒险吗？

在一个充满不确定性的环境中，保守反而是最大的冒险，而创新则是唯一的出路。我们要有这样的意识：创新成功了，是成功；创新失败了，是成长。

创新当然有失败的风险，这会给员工带来安全感方面的困扰。如果组织不能非常坚定地鼓励创新和试错，并且宽容失败，那么所有的创新都会凋零，人人都会为了自己的安全感而陷入防御性的保守，维护现状。

快速反应

为顾客创造愉悦需要做到四个方面。

1. 速度——必须快速地响应顾客的需求。
2. 有效——提供给顾客的解决方案必须有效，能真的解决问题，而不是拖延问题或蒙混过关。
3. 创新——无论产品还是服务，都要有新意，给顾客与众不同的感受。

第六章
创建玩娱授权组织

4. 好玩——这是让顾客惊叹"哇"(Wow!)的最好方式。

在这四个方面中,速度是摆在第一位的。现在以及未来的顾客,会越来越缺乏耐心。互联网的普及,使得瞬间反应成为人的底线要求,绝大部分人很难接受慢下来的节奏。这是非常苛刻的要求,但是我们别无选择。

尤其是在产品或服务出现问题的危急时刻,员工必须和顾客的情绪抢速度,和互联网抢速度,和社交媒体抢速度。

在产品研发的环节,我们可以慢,但在安抚顾客情绪,处理紧急事件的时候,我们的表态和行动一定要快。

玩娱授权组织中,之所以每个人员工都是动态CEO,就是为了避免多层级、长链条的沟通滞后。这是为员工的快速反应提供的组织支持。

上述几条,都是最精要的普适性原则,而不是具体方法。创建玩娱组织,本来就是一个充满丰富可能性的探索过程,我们不可能穷尽所有方法,而且也不是所有方法都适用于你的组织。最好的策略就是,在上述基本原则的指引下,开创出符合本组织特质的玩娱授权组织。

同事们,我们一定要明确自己的目的是什么。

创造玩娱授权组织并不是我们的目的,我们的目的始终是愉悦顾客。之所以要创建玩娱授权组织,是因为我们认识到了,通过愉悦员工来愉悦顾客是最好的方法。

只有愉悦的员工,才能创造愉悦的顾客!

组织管理大师道格拉斯·麦格雷戈早在20世纪中叶就做出预言:我们不能够成功地强迫人们为实现每位管理者的目标而进行工作。人们只有在或威胁,或威吓,或家长式虚伪的权威胁迫下,才去做尘世上的工作,这种古老的观念在四分之一世纪里沾染上了一种致命的痼疾。我敢说,它将会在10年内死亡。

好几个十年过去了。道格拉斯·麦格雷戈的预言并没有实现。他可能过于乐观了，社会发展进程的复杂性超过了他的想象。

　　从目前的情况来看，传统的以控制为核心特质的金字塔组织依然普遍存在，但同时，以信任为核心特质的玩娱授权组织在各行各业也已经越来越多地涌现出来。有的组织，也许还没有转变为整体意义上的玩娱授权组织，但其中的某个部门或某个项目，已经开始实施玩娱授权了。

　　这种传统与创新多样态混杂并存的状况，也许还会延续较长的时间。但我们对玩娱授权组织的趋势化充满信心，因为我们对人性的自我升华充满信心，对这个世界的未来充满信心，对与众不同的00后充满信心……

附录A

请给员工"娱乐授权"

玩娱授权
从授权管理到授信管理

德鲁克曾经说过:"企业唯一有效的目的就是创造顾客。"这句话曾经被很多企业家及领导者奉为至理名言。但现在,这句话似乎应该与时俱进地改为"企业唯一有效的目的就是愉悦顾客"了。未来一切行业都是娱乐业,这是一个"娱乐至死"的时代,那么娱乐究竟为何这么重要,我们又应该如何正确地利用这一特点呢?

娱乐至死的时代

媒介文化研究者尼尔·波兹曼所预言的"娱乐至死"的时代已经到来了,并日益成为如今的主流!波兹曼指出,一切公众话语权日渐以娱乐的方式出现,并成为一种文化精神。我们的政治、宗教、新闻、体育、教育和商业都心甘情愿地成为娱乐的附庸,毫无怨言,无声无息,其结果是我们成了一个娱乐至死的物种。

抛开其他的范畴不说,我们只谈商业。

既然我们的顾客已经演变成为娱乐至死的物种,那么,他们的需求又会发生怎样的变化呢?很简单,顾客不仅想要得到你的产品或服务,还想得到乐趣。甚至可以说,他们更想得到乐趣。在这个商品供给空前丰裕的时代,顾客永远不缺高度同质化的产品或服务,唯有产品或服务过程中的乐趣是稀缺的。

附录 A
请给员工"娱乐授权"

那么,乐趣何来?

商业研究者麦克凯恩曾经提出"所有行业都是娱乐业"的观点,即公司本质上就是一个舞台,而所有员工都是演员。

由此,我们进一步提出,为顾客提供乐趣的关键就在于将产品或服务的供给流程娱乐化,但这并不是指生搬硬套地导入一个和原有产品或服务毫无关联的娱乐版块。

流程的娱乐化

全球娱乐行业巨头迪斯尼可谓是"流程娱乐化"的先驱。在迪斯尼乐园里,我们可以听到和一般娱乐服务行业截然不同的话语体系。如下所示:

游客/顾客——来宾

雇员——演职员

公共区域——舞台

限制区域——后台

招聘——选角

职位——角色

领班——主角

制服——试装

招聘面试——试演

这不仅仅是称呼上的简单转换,而是迪斯尼最伟大的管理创新。这些独特的用语仿若警钟,时刻提醒着迪斯尼的员工们以倾情表演的演员身份投入到愉悦来宾(即顾客)的过程中去。

当前,很多新兴的 IT 公司都顺应时代的潮流。比如,在乔布斯为推出麦金塔电脑、iPhone 手机等而进行现场演示的那一刻,他其实不是苹果的 CEO,而更像是一名演员,整个发布会也等同于一出舞台剧。乔布斯首开先河后,模仿者甚众,比如,亚马逊的贝索斯、小米的雷军、锤子科技的罗永浩等。

玩娱授权
从授权管理到授信管理

也许有人会说，我们公司的产品或服务根本没办法像上述例子一样实行全流程或部分流程的娱乐化。但事实是，形式上的娱乐化只是对流程娱乐化的一种狭隘理解。

顾客的愉悦与乐趣，不仅来自于流程上的娱乐化形式包装，还来自于其自身需求得到超乎寻常的满足。这才是流程娱乐化的广义内涵。

比如，连锁百货商店诺德斯特姆（Nordstorm）的副总裁布鲁斯·诺德斯特姆动身去参加一个会议时，在商店里听到一位女顾客对她的同伴抱怨说"从来没有这么失望过"。布鲁斯立即找来一名销售助理，要求他弄清楚这位顾客为什么抱怨，并彻底加以解决。

销售助理礼貌地问清了缘由。原来，这位女士"只有买啤酒的钱，却想要喝香槟"——她的钱不够买一条价格不菲的裙子。

这位顾客的抱怨与不满显然不是商店造成的。按照常规的处理，这件事也就到此为止了。但是，领会了副总裁布鲁斯事前指示的这名销售助理，却邀请这两位顾客回到遗憾发生的地方，让她们以低于原价的价格购买了心仪的裙子。

显而易见，这两位顾客得到的不仅是产品和服务，而且还有最稀缺的超越预期的乐趣！这样的情形，正符合流程娱乐化的广义含义。

愉悦顾客的权力

但是，正如上述例子所描述的那样，愉悦顾客的娱乐权和其他权力一样，往往掌握在公司的高层管理者手上。如果没有副总裁的明确授权，绝大多数抑或是所有百货商店的销售助理都不会（不敢）那么做。而一个企业又有几名高管呢？一名高管又能直接面对多少名顾客，并愉悦他们呢？

显然，娱乐权不能只授予CEO。每名一线员工都应该是拥有娱乐权的演员。这就需要娱乐授权。

所谓娱乐授权，就是授予员工充分愉悦顾客的权力，在必要的时候甚至能不受限制。

附录 A
请给员工"娱乐授权"

我们知道，按照现代企业管理制度的分工原则，每一个不同层级的员工都有自己的岗位职责，拥有这一岗位所赋予的某种受限的权力。分工有效明晰了各自的责权利，但也会必然地导致"各人自扫门前雪，不管他人瓦上霜"的负面情形。而顾客作为一个完整的人，其需求并不会像组织分工那样，明晰地分割成不同的部分。

但在一般的组织框架中，顾客只能心不甘情不愿地无奈接受自己的需求被人为地割裂，分配给不同的人来加以满足，甚至经常还要忍耐自己被当成一个皮球，在不同的部门和不同的员工之间踢来踢去。

受到如此对待的顾客怎么可能产生愉悦感呢？取而代之的必然是极大的不满！

很多一线员工并不是不明白造成顾客不满的真正原因，他们只是无能为力！因为他们并未被授予超越岗位的权力，当然只能坐视不管，甚至推波助澜，导致事态进一步恶化。

只有一线员工得到了充分的娱乐授权，才能够系统性地解决上述痼疾。

迪斯尼的一名游览车司机无意中听到一位游客随口提到自己房间内的水槽有烦人的滴答声。这名司机立即说："先生，请放心！我会替您留意的。"游客们都以为这不过是司机的客套话而已。在过往的服务体验中，游览车司机的岗位职责与房间水槽维修风马牛不相及，因此这位游客并不奢望司机真的能帮自己搞定这个问题。晚上 10 点，当这位游客回到酒店时，却惊奇地发现水槽的滴答声已经消失了。后来，那名游览车司机在下班后，还专程赶来询问问题有没有得到解决。

让这位顾客愉悦、感动、满意的并不是迪斯尼本身的娱乐项目，而是这名司机明显超越常规岗位职责限制的贴心服务。当然，这名司机之所以能够超越常规岗位职责的限制，是因为在迪斯尼，员工拥有愉悦客户的充足权限，这已经成为一种不言而喻的企业文化。

这样的例子还有很多。比如，在迪斯尼主题公园入口处负责管理门票的客户服务代表手中拥有 50 万元数额的门票或现金任其处理。他们可以根据情况，自行判定（无须向上级请示），将门票或现金分发给忘记带票的游客、用完了回家路费的人，或者其他遇到困难需要帮助的人。

娱乐授权的心理基底

获得了娱乐授权，员工就会有充足的动力去自动自发地愉悦顾客。这可以在心理学上找到理论基底。

哈佛大学的心理学教授艾伦·兰格注意到，被关在集中营中的犯人和在疗养院里的病人都会快速衰老和死去，于是他针对这一现象展开了研究。他给一家疗养院里的老人送去了一些盆栽植物，其中一半的老人被委托照料这些植物，而另一半的老人则被告知他们无须操心，疗养院里的工作人员会来照料这些植物。6个月后，没有被赋予自主照看植物这一权力的老人明显不如另一组老人那么快乐、健康和活跃；而且，这一组老人中有30%去世了，比另一组老人的去世率高出了一倍。

卢贝克等人的研究也表明，对牢房环境有一定控制权（可以移动椅子、控制电视，并且开关电灯）的囚犯会感受到较少的压力，较少出现健康问题，并且较少有故意破坏的行为。

心理学家据此总结出了"控制效应"。也就是说，即使是对生活或工作很小的控制权，都可以让人们变得更加快乐、自信和热情。

将控制效应用于组织管理，自然也能取得奇效。迪斯尼的员工并没有被牢牢束缚在各自的岗位职责上，而是拥有与情境相匹配的灵活性娱乐授权。娱乐授权不但赋予了他们解决问题的能力，更赋予了他们超越预期的激情。

不仅是迪斯尼，任何一个实行娱乐授权的公司，都能毫无例外地实现了愉悦顾客的企业终极目的。

全球酒店业的翘楚——四季酒店的一名门卫的做法可以为这个结论加上一个漂亮的注解。

有一次，一位顾客坐着出租车离开后，门卫发现他的手提箱遗落在路边了。门卫检查了手提箱，然后想办法找到了这位顾客所在的公司，并找到了这位顾客的秘书。秘书说，她的老板正去波士顿参加一项非常紧急的会议，

附录 A
请给员工"娱乐授权"

而且一定要用到手提箱内的重要文件。门卫毫不犹豫地询问了这位顾客的航班,随即打车赶往机场。但那位顾客已经飞走了。门卫立即搭乘下一趟飞往波士顿的航班,直接将手提箱送到了那位顾客所在的会场。

这名门卫的行为,简直是不可想象的。他不但擅离职守,而且不计成本。他这种足以导致他被其他公司开除的疯狂之举,却正是四季酒店以愉悦客户为终极目的的娱乐授权的必然结果。

时代已经改变了,企业是不是也要随之改变?

在前娱乐至死的时代,顾客即便心有不满,一般也只能忍气吞声,因为顾客一方面对愉悦自我的预期还不那么强烈,另一方面顾客拥有的话语权少得可怜,无法与强大的"公司巨人"相抗衡。但到了娱乐至死的时代,互联网技术的飞速发展为顾客提供了前所未有的话语权,他们的不满可以在瞬息之间经由网络而传遍五湖四海,掀起轩然大波。与之相对应,顾客对于娱乐自我的要求也前所未有地提高了,他们的需求更加多样,个性凸显,而且不易满足。

时代已经改变了,企业必须随之改变!

在这个娱乐化的商业舞台上,企业不必提供事无巨细的剧本,只需提供必要的原则和充分的娱乐授权,剩下的一切,就让化身为演员的员工们自动自发、随机应变地去尽情表演吧!

商业之外的应用

娱乐授权的应用范围完全可以拓展到商业之外的领域。

美国印第安纳大学的经济学教授爱德华·卡斯特纳瓦对自己的课程做了一番"迪斯尼化"的改造。如下所示:

学生——玩家

课堂陈述——游戏任务

课时——经验值

考试——打怪

玩娱授权
从授权管理到授信管理

家庭作业——锻造

学习合作小组——游戏公会

卡斯特纳瓦教授的经济学课堂上的独特用语是否和迪斯尼乐园里的话语体系有异曲同工之妙？

正如迪斯尼的独特话语体系成功激发了员工的服务热情，卡斯特纳瓦教授的娱乐授权也成功激发了学生们的学习热情。原本枯燥乏味的经济学课程成为印第安纳大学的明星课程，学生们的出勤率和学习成绩都有了明显的提升。

在教育领域中，老师对学生的约束力显然不如在商业领域中老板对员工的约束力。所以，娱乐授权在课堂上的成功，更应该激励老板们在自己的公司里取得更大的成功。

当然，并不是每一家公司天然就具备娱乐授权的基因。

在迪斯尼乐园刚刚开始运营的时候，工作人员缺乏训练，对待游客的态度粗鲁无礼，也不能为游客提供什么额外的帮助。这样的情形让迪斯尼的创始人沃尔特·迪斯尼十分不满，冷淡无情和粗暴无礼在外面的世界中随处可见，而他创办迪斯尼乐园的目的就是想创造一种能让人们忘却外面的世界和自己的烦恼，并沉浸在梦幻体验中的环境。

沃尔特希望能够"创造"出那种喜欢笑并且能够愉快地接待大量顾客的员工。所以，他开办了迪斯尼大学来训练他理想中的那种饱含真情的言行举止。

但是，仅仅是流于形式的培训是远远不够的，只有领导者真真切切地塑造出企业文化才行。迪斯士尼一名培训部门的负责人说："你不能强迫别人去笑。每位来宾每次光顾迪斯尼乐园平均会遇到 73 名员工，难道我们得不停地盯着他们？我们当然不能这样做，所以我们力争让员工融入我们的文化。"

这种文化就是将娱乐授权贯彻到底的文化。

只有领导者真正放权、授权，员工们才会克服高强度工作所带来的极度劳累而发自内心地对所有的顾客展现出真诚的微笑，提供周到的服务。

这是娱乐授权能否成功最关键的一点。

原载《中欧商业评论》2014 年 9 月刊（总第 77 期）

附录 B

论互动服务型领导关系

玩娱授权
从授权管理到授信管理

摘　要：传统的领导理论认为，领导是一种自上而下的单向关系，并且把这种单项关系分为集权型、民主型、任务型和关系型等。在激烈竞争的今天，组织内的每一个人对物质方面和精神方面的需求都日渐繁杂，而传统的领导关系似乎已无法满足这些需求。那么，寻求一种更具活力和生产力的新型领导关系，无疑是十分必要的。其实，无论哪一类型的领导关系，其目的都在于影响组织内的其他人，使他们全力投入，为了共同的目标奋斗不息。

关键词：领导力；领导度；有效性；互动服务；例外管理；弹性管理

中图分类号：F272.91　文献标识码：B

一、领导度和领导力

在这个价值取向多元共生、日趋复杂的社会环境中，每个人都会有自己独特的需求组合，独特的需求组合带来独特的目标。我们不妨以甲乙二人为例，建立一个力学模型来说明。如图1所示，在某一个时点，甲的个人目标为 G_{i1}，乙的个人目标为 G_{i2}。（当然，以甲乙为代表的个人目标会随着时间推移、环境变化而不断变化。在此，为简单起见，我们假设暂时不变。）假设甲乙二人处于同一个组织中，则两人的目标势必要相互影响。他们之间的这

附录 B
论互动服务型领导关系

种影响我们可以用力的合成来表示。也就是说,甲乙二人的个体目标经过相互作用,相互妥协,最后形成了合成目标 Gi(如图 2 所示)。

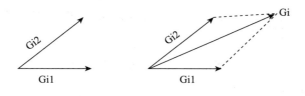

图 1　个人目标模型　　图 2　合成目标模型

而甲乙二人所在的组织当然也会有其目标 Go。组织的目标与组织内各个体的合成目标 Gi 往往并不一致。如图 3 所示。两者之间的差异我们用夹角 α 表示。由这个简单模型我们可以看到,个体合成目标所体现出的能量只有投影到组织目标上的部分可以为组织实现目标所用。作为领导,其根本职责就是尽量缩小两者间的差距(减小 α 角),使个体的能量尽可能多地为组织所用。也就是说,夹角 α 所体现出的差距,表明该组织对领导关系的需要程度,我们称之为领导度。领导度的满足,必须通过领导力。下面我们来看一下领导力的合成。

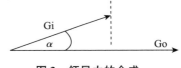

图 3　领导力的合成

领导力即领导权力,指领导者有目的地影响下属心理和行为的能力。领导权力可以分为两大类:即职位权和素质权。其中,职位权包括法定权(各领导职位所具有的权力)、奖励权和惩罚权,素质权包括统御权(因领导者特殊品格、个性或个人魅力而形成的权力)和专长权(具有某种专门知识、技能而获得的权力)。

一个组织的领导力最终来自于组织各层级领导力的合成。在一个组织中,领导力若低于组织所需的领导度,则组织人心涣散、不思进取;领导力如能和领导度保持平衡,则组织状态平稳、按部就班,但没有太多活力;领导力如能够超越领导度,组织就会精神焕发、活力四射。

二、领导的有效性

领导的有效性在于通过领导力的作用，能在多大程度上缩小领导度 α。我们先来看看几种传统的领导关系的表现。

集权型领导关系以专制、独裁为特征，往往不顾别人的意愿，利用职位以势压人，强迫他人按照自己的意愿行事。这样的领导关系即使能给组织内的其他人带来丰厚的物质利益，也势必会伤害员工对自尊、自我实现等方面的精神需求。

任务型领导关系把完成工作任务当作一切活动的中心，将绝大部分精力和注意力集中到工作本身，往往忽略对员工的情绪、健康等方面的关心。

民主型领导关系鼓励员工自行决策，自主管理。这在一定程度上满足了员工自尊、自我实现等方面的需求，但是，这种领导关系所体现出的民主，也仅限于工作关系上，对员工的其他超越工作关系的复杂需求知之甚少，从而无法实现激励最大化。

关系型领导关系虽致力于营建与员工的良好关系，但还是出于一种自上而下的流程。在这种关系中，占绝对主导地位的仍是高层级的管理者。处于组织层级中较低的层级呈现一种被动接受的态势，并未发挥出积极主动的能动性。

总结以上几种典型的传统领导关系，我们不难看出，这种领导关系都是一种单向不可逆的关系，由领导者发出，沿组织层次下行，组织各层级被动接受（见图 4）。

从图 4 可以看出，传统的领导关系的最大缺陷在于单向的流程无法获得关于领导有效性的必要及时的信息反馈，从而各领导层无法察觉被领导层的需求及其变化。最后导致领导力僵化、弱化、无效化。而且，在这种

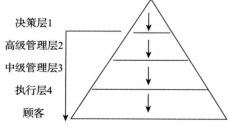

图 4 金字塔结构

附录 B
论互动服务型领导关系

传统的金字塔层级结构中，只有在环节 4（如图 4）才有服务的出现，且是针对系统外的顾客的服务。从环节 1 到环节 3，只有指令而没有服务，整个组织的服务全部靠环节 4 中的执行层来实施。这样的服务意识可以说是不够全面的。上梁不正，下梁效之。在这种情况下，无论是威逼利诱，还是谆谆教诲，组织都无法体现出发自内心的服务意识，那么，顾客对组织（系统）的满意程度就可想而知了。

所以，我们大致可以这样说，传统领导关系形成的领导力无法完全满足现代组织领导度的需求。

三、互动服务型领导关系

正是通过对传统型领导关系存在缺陷的研究，并综合考虑各层级员工纷繁复杂的需求，我们探寻这样一种新型领导关系，我们将其称为互动服务型领导关系。如图 5 所示。

这种领导关系的核心在于在组织内（系统内）实行内部模拟市场化，相邻的两个层级中，较高层级不再把较低层级视为下属，而是视为顾客。也就是说，在这种矩形结构中，从环节 1 到环节 4 全部是服务的过程。决策层为高级管理层服务，高级管理层为中级管理层服务。推而广之，整个组织从里到外，呈现出一种发自内心，纯属自然的服务意识。较高层级把较低

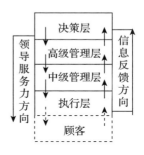

图 5　矩形结构

层级的员工视为自己的顾客后，势必努力探求其需求及变化，竭力为其提供服务。心理学的研究早已表明，对待下属和对待顾客的心态截然不同。顾客为上帝，我们要把产品卖给顾客，势必竭尽全力探求其心理变化和需求变动。而管理层把下属视为顾客，其心态也将大变。心态的改变带来行动改变。原先的指令变为如今的服务，上层领导为下属提供一切便利，满足其所需，扫清一切有碍于积极性、能动性提高的不良因素，从而极大地提高领导的有效性。同时，较低层级出于对较高层级提供服务的回报，一方面将积极工作；

另一方面将及时反馈信息，呈现出互动互求的态势。这样一种鱼水交融的领导关系，必将使领导的有效性大大增强，从而使组织活力勃发，高歌猛进。

在这种意义上，领导行为已经成为服务行为，领导关系也已成为服务关系。领导不再高高在上，发号施令，而是成为下属的"仆人"，致力于找出并满足下属的需求，为下属铺平道路，排除困难，使下属得以专心服务于顾客。

这样的一种领导关系，不啻是对传统领导关系的颠覆。

四、 新型领导关系的实施

（一）实施基础

互动服务型领导关系的实施基础是建立在分权制上的奉献。组织中的每个层级都有相应的权力，同时体现和权力对应的服务。一个高度集权的组织无从谈起服务。互动服务型领导关系通常把职位权的行使交给严密合理的规章制度，其体现出来的领导力更多是靠素质权的影响力产生的。换句话说，这种影响力来自于领导对下属服务的奉献。一个勇于并乐于奉献的领导人，无疑会产生极大的威信。他无须以势压人，以利诱人，自然会有人为他努力，为他奋斗。举个简单的例子就可以说明这一点。如果有人问谁是你心中最有威信的人。很多人都会选择自己的母亲。因为母亲对你做出了最大的无言的奉献（服务），且从未图回报。但是，你心甘情愿回报你的母亲，哪怕付出自己的生命。从这个例子，我们可以看出这种领导关系威力达到极致之一斑。

（二）例外管理

互动服务型领导关系实质上采用的是例外管理（弹性管理）。

一个母亲如果有几个孩子，一般来说，她不会一视同仁。因为每个孩子的体格、性格、兴趣、爱好都不一样。表面上看来，母亲的做法有些不公平，但这种形式上的不公平，往往能让每个孩子发挥不同的优势，找到最适合的发展途径。

互动服务型领导关系也正是如此（传统的领导关系缺陷之一正是过分地

附录 B
论互动服务型领导关系

强调一视同仁),如前所述,实施这种领导关系的组织首先要建立严密合理的规章制度,在基本的层面上对员工一视同仁,然后在此基础上,根据员工的不同需求,实行极富弹性的例外管理。

毋庸多言,每名员工都有其不同的需求。即使仅指工作方面的需求而言,管理者和员工从各自的角度出发,也多有不同(见表1)。

表1 管理者和员工对各类激励因素的不同排序

管理者排序	员工排序
1. 金钱	1. 赏识和认可
2. 工作职位的稳定性	2. 成为资深员工
3. 提升的机会	3. 对个人的同情和关心
4. 工作环境	4. 工作职位的稳定性
5. 工作的有趣性	5. 金钱
6. 对组织的忠诚度	6. 工作的有趣性
7. 惩罚的压力	7. 提升的机会
8. 赏识和认可	8. 对组织的忠诚度
9. 对个人的同情和关心	9. 工作环境
10. 成为资深员工	10. 惩罚的压力

从表1可以看出,员工最需要的赏识和认可,被管理者排在第8位。而管理者认为员工最需要的金钱,在员工心目中仅排在第5位。传统型领导关系单向无反馈的管理流程造成的对员工基本需求的无知往往导致激励不当。而互动服务型领导关系的核心就是探求每名员工的不同需求,并采用不同方式(即例外管理)加以满足。这一点也正是该种方式自身价值所在。

我们知道,个人目标 G_i,是一个综合各种需求的合成目标。除了工作方面的需求,还有生活方面的需求;除了物质方面的需求,还有精神方面的需求。能满足员工甲的诱因,不见得能满足员工乙的需求。此时能满足员工丙的诱因,彼时不见得能满足他的需求。而且,从激励———保健理论来看,与工作直接相关的需求的满足,只是消除了员工的不满意,并不能直接带来满意（从而产生激励）。往往是超越工作范围的需求的满足起到较好的激励作用。试举一例，某领导新调到一专业性很强的单位担任一把手后，因对业务不了解，深感无处下手，一直打不开管理的局面。该领导在困惑中了解民情，得知该单位诸多年轻人十分爱好踢足球，但原领导对此不闻不问，组织涣散，后勤不力。该领导遂组织正式成立足球队，提供装备及后勤保障，并不时亲自参与。很快，他就打开局面，并以此为契机，实施其管理方针。

由此可见，例外管理首先要了解例外，而互动服务型领导关系立足于双向沟通，互做奉献，互负责任，为了解例外并满足例外提供了最有力的方法和武器。

（三）例外管理的例外

这也是指例外管理度的问题。每个人的需求是不断演变，不断增长的。在互动服务中实施例外管理，一定要把握下属所欲和所需之间的关系。作为一个领导，你不可能满足员工所有的欲望（所欲），而是应该找出他真正所必需的（所需），而且要及时找到最具激励作用、最具紧急性的需求，尽可能快地加以满足，即做到正确和快捷。

（原文刊载于《商业研究》2003 年 6 月刊）

后记1
我的玩娱授权实践

文／陈泓希

玩娱授权
从授权管理到授信管理

在我和爸爸一起来写这本书的过程中，我突然发现，玩游戏的经历给了我很多启发，让我受益良多。

我们知道，玩娱授权的核心在于"玩"，好玩的东西刺激着我们的神经，让我们不由自主地被吸引，一直玩下去。那么，到底什么样的东西才是好玩的呢？这个答案就是游戏。很多家长会给孩子设立每天玩游戏的时间，防止孩子花过多的时间在游戏上。一方面是为了保护孩子的视力，确保身体健康；而另一方面是防止孩子游戏上瘾，因为好玩的游戏总是在吸引着孩子，让他们把"自主力"放在了游戏上。就我个人而言，我是一个女孩子，但是我也喜欢打游戏。如果工作的环境就像是在打游戏一样，是不是可以提高员工的自主力，从而实现更有效的管理呢？

《英雄联盟》（LOL）是目前全世界玩家最多游戏，也是我最喜欢玩的游戏。它在我出国的第一年就一直陪伴着我。《英雄联盟》的成功秘诀就是给每一个玩家充分的玩娱授权。

首先，《英雄联盟》是一个对战竞技网游，我们的目标很明确，就是推翻对面的防御塔，杀死对面的英雄，获得胜利。在这个明确的目标下，有千千万万种方法取胜，就像是溪流，不管它往哪个方向流，最终都汇聚于大海。在召唤师峡谷中，我们可以探索到不同的东西。正是因为这样的不确定性存

后记 1
我的玩娱授权实践

在，玩家们需要分析情况，合理购买装备，及时调整策略来获取胜利。这个过程中体现出来的"无限责任、动态权力、因需而生、随需而变"的模式，不正是玩娱授权吗？

《英雄联盟》中一共有五个位置可供玩家选择，分别是：上，中，下，野，辅。每一个位置都至关重要，缺一不可。任何一个角色都可以做领导者，随着游戏的进展，英雄们会慢慢拉开优劣势，此时占有优势位置的玩家可能成为领导者，指挥大家如何应对。然而，这样的权力是有限的。在一盘激烈的游戏中，玩家很少会花大量的时间传授自己的经验，管理别人，而是想办法在对战中取胜，为队员们争取更多的时间。可以说，玩家们的丰富经验都是身经百战得出的，而不是从一个人的口中学来的。这大大限制了领导者管理下属的权力，也同时给予了下属更多的自主权。在一个不受管理者过度控制，并可以自由发挥的环境中，员工会表现得更加自然，形成良性循环。

人永远是组织中最重要的因素。《英雄联盟》给予了每个人做自己的CEO的权力。他们能够通过现况来调整节奏，控制心态。《英雄联盟》是一款对战游戏，必然会分出个输赢。在打游戏的过程中，输是很常见的结局。我在打游戏的过程中见过很多不负责的玩家。他们不适应逆风局，一旦发现我方出现劣势，便心态爆炸，开始送"人头"，或者卖掉所有的装备，站在泉水里挂机。这样的人是很多的，但这并不是我们想要找的合作伙伴，因为不管是跟这样的人打游戏，还是工作，我们都不可能获得成功。我们想要的人需要具备O2O思维（Obstacles to Opportunities），也就是能够将困难转化为机会的人。

在游戏中，我们需要培养自己的心态，遇到强劲的对手时，应该仔细分析局势，灵活应对，而不是自暴自弃，态度消极。然后，慢慢地，你会发现自己在变强，在遇到困难的时候能有更快、更准的反应。这样的进步会使你激动，也促使着你继续玩下去。至少对我来说是这样的。在我刚开始打《英雄联盟》的时候，我的技术非常差，技能出招不连贯，不会买装备，不知道什么时候上、什么时候退。我也有过消极态度，开始送"人头"。但是我发现这是对自己、对队友的不负责。于是我去网上搜了教学视频，仔细分析别人的玩法。慢慢地，我在一点点变强，从干掉第一个对手，到赢得第一次胜利。现在的我，可以说是身边女生中玩得最好的，甚至技术超过了几个男生。因为我在逆风局的时候不会放弃比赛，而是想办法突破逆境。如果找到了五个这样的队友，怎么可能输掉比赛呢？我觉得这个背后就是价值观在起作用，在知道为什么之后，我会主动去学习怎么做。

在游戏中，我们完全信任其他玩家。因为《英雄联盟》分为三条线，上路，中路和下路，此外还有野区。一个人是无法同时顾及所有地方的。信任其他玩家，积极配合才是取胜的关键。

除此之外，《英雄联盟》非常有创新思维。版本变化多样，英雄战斗力的强弱一直在做修改，新英雄会不定期地上线，包括皮肤。一百来号英雄，每个人都有很多皮肤，穿着好看的皮肤打游戏，会让人更加开心。皮肤也会按照节日发布。比如圣诞节，很多英雄会推出与圣诞节相关的皮肤。《英雄联盟》的模式又分成很多种，匹配、排位是最常见的，有时候还会出现极限火力、无限乱斗等娱乐模式。这里面有各种新鲜的玩法，令玩家们眼花缭乱。这样一个多样性的游戏深深吸引着玩家。我想象，如果在工作环境中也能这么好玩，员工的积极性必然会大涨。

打《英雄联盟》，给了我最初也最深切的玩娱授权体验。我在和爸爸讨论这本书的主题及观点的时候，总是能在游戏中找到一些灵感，这也许是我玩了好几年《英雄联盟》的意外收获吧。

参与写作这本书，对我来说，其实更是一个独特的学习提升过程。我所掌握的玩娱授权的理念与观点，让我在一次商赛实践中获得了更深的体验以及令人欣喜的成功。

2018年暑假，我报名参加了为期五天四夜的第11届"铁未来"商赛。赛制将200名参赛者分到了两个虚拟的国家——B国与C国。每个国家有自己的货币——B币与C币，还有黄金也在流通，三者皆可对照商赛设定的汇率兑换。每个国家中又分为五种不同的职业分工：模拟政府、生产商、贸易商、商会和新闻媒体。每个职业分成几个小组，每个小组大约有六七个人。

后记 1
我的玩娱授权实践

我们模拟着社会上的贸易活动。比赛的评审标准不仅仅要看最终各个小组的经济收益，也会有侦查员暗中观察成员们在比赛过程中的各方面表现。

这是我第一次参加商赛。为了更深入地了解每个角色的任务，我上网做了调研。我查看了"铁未来"的官网以及一些之前参加过比赛的同学的回顾。我发现，很多人都说模拟政府是最难的角色，也是唯一一个需要通过选举才能当选的角色。

模拟政府的官员需要管理整个国家，包括生产商、贸易商、商会，大约是一百人，还需要负责制定法律法规、货币政策、税收政策，以及外交移民政策等。决定一个国家能否在商赛中获胜的重要因素就是看模拟政府的管理能否凝聚人心，为国家带来更多的利益。看到这里，我的"倔脾气"顿时上来了，我心想：模拟政府最难？这有什么啊，我这次就要去竞选模拟政府官员，带领我的人民、我的国家走向胜利！

而且，我选择了挑战难度最大的角色——C国的模拟政府。在此届之前，C国已经连续失败了好几年。但是这一次，我们打了一场漂亮的翻身仗！

我们是怎么获胜的呢？那是因为在具体过程中，我把玩娱授权的一些原则和方法都运用到了商赛之中。

1. 充分信任组织

参赛者来自全国各地，此前素未谋面，虽然有一个破冰仪式，但我们并不熟悉彼此。我们模拟政府却给出了完全的信任。在正式财年开始时，我们召集所有C国人开了一次"秘密会议"，告诉大家我们获得胜利的策略。这对我们来说可能是很冒险的，因为我们并不能保证是否有人会把机密泄露给B国，但我们认为这个风险是值得冒的，不然我们怎么取得国民的信任，让大家更有效地沟通，获得利益最大化呢？正因为我们给予了国民信任，他们的防备心理也打消了很多。最后，几乎所有人都很配合，偶尔搞特殊的几个人在我们的耐心解释下也认同了我们的方案。为了让信息流动地更加通畅，我们还创建了C国微信群、生产商群和贸易商群，让国民们互相认识、沟通。

玩娱授权
从授权管理到授信管理

这一点对应了玩娱授权中的一条准则——充分信任员工。我们信任我们的国民，国民们就会回报以更大的信任和更有效的沟通。这对于我们后面的成功是不可缺少的。

2. 维新优先于维稳

模拟政府在第一财年的时候有一笔资金会发放给各个生产商和贸易商，供生产商购入材料生产、供贸易商之间做交易。然而，不同国家之间设定的禀赋属性也不一样。我们 C 国对于木系、土系的东西更在行，生产产品时消耗更少钱财与体力。但是 B 国对于金系、水系更加在行，也就是说，他们可以用更少的钱购入金子和必不可缺的水资源。

通过投资提升生产力是我们 C 国的策略。这就像是电子游戏中打怪用的武器，我们需要投入金币来进化我们的武器，以便更有机会，也更容易打败怪物。这也就解释了为什么前几届比赛中往往是 B 国获胜；因为他们占据了先天性的绝对优势。当然，导致 C 国失败的还有一个致命的因素是保守。C 国在前几年一直是以同样的套路治理国家，政策大同小异。在已知 B 国占有优势的情况下，保守反而是最大的冒险，而创新则是唯一的出路。这也是玩娱授权的理念之一。

于是，我们在财年开始的时候，把一百来号人分成两批，生产商一批，贸易商一批，派遣了两个模拟政府官员与大家协商。我们希望将所有的钱和黄金优先平分给各个生产商，而暂时不分给各个贸易商。同时，模拟政府给各个贸易商写下欠条，承诺在第二财年开始的时候以当时的汇率加上利息一一还给他们。这一策略与往年大大不同。往年通常是将钱和黄金平均分配给各个厂商和贸易商，但资金分散不利于集中资源提高生产力。

刚开始，有不少国民产生疑惑，害怕失败，又或者担心模拟政府会赖账。我们告诉国民们前几年的比赛结果，并鼓励他们挑战创新。在听说了 C 国屡战屡败的悲惨史后，国民们改变了看法，纷纷支持我们的新策略。结果显示，这是一个非常明智的策略。

后记 1
我的玩娱授权实践

第一，我们大大提升了每一个生产商的生产力，使他们能以更低的价格更加有效率地生产产品。

第二，我们抚平了贸易商的疑虑。考虑到他们在第一财年将没有资产，我们承诺会给予相应的补偿。在和生产商、贸易商商讨的时候，我们并不是先斩后奏，强硬推行创新策略，而是公平地对待他们，向他们解释我们的目的（Know-why）。所以，大家非常配合我们，没有任何一个小组不同意我们的做法。

果然，这个方法奏效了，C 国生产力大大提升，原本落后于 B 国生产力的我们，慢慢赶上了他们。

3. 只有愉悦的员工，才能创造愉悦的顾客！

在这项比赛中，有一个特殊的规定。每一个人都需要上缴空气税，也可以由模拟政府代替国民上缴。考虑到尽可能地减少 C 国国民的经济压力，我们模拟政府决定对 C 国开放免费空气，帮忙上缴所有的空气税。这一政策减轻了国民们的负担，大大提升了民众对政府的好感，更加提升了 C 国的产出和收益。在商赛中，我们作为模拟政府，要做的就是愉悦国民，然后让国民愉悦地为国家创造财富。这和玩娱授权中"只有愉悦的员工，才能创造愉悦的顾客"的内涵是完全一致的。

4. 快速反应

货币与黄金的兑换是非常有讲究的，它牵扯到 B 国和 C 国的汇率。在最开始的时候，B 国和 C 国的汇率比几乎不相上下。我们的秘密武器是通过大量收集黄金，向 B 国扩散 C 币，并在最后一个财年大量印刷 C 币，使其价值大大缩水，最后达到 B 国人拿着一大沓 C 币却如同拿着一大沓白纸一样没有价值。这是 C 国用来打败 B 国的撒手锏。

在我们传递给 C 国国民这个信息的时候，我们同时赋予了他们权力——

他们可以在自己利益最大化的情况下任意兑换国币。当汇率发生变化的时候，比如黄金突然贬值，他们也可以快速地做出应对，卖出黄金。我们鼓励 C 国国民尽可能地与 B 国进行贸易，以消费 C 币，增加 C 国的黄金储量。同时，我们呼吁 C 国国民与模拟政府以黄金兑换 C 币。这样做一举两得，C 国国民有大量的 C 币可以支付给 B 国，模拟政府也有了更多的黄金储备量。当然，进展并不会像想象中那样的顺利。有不少 C 国国民表示，B 国模拟政府已经发现 C 国的策略，开启了贸易壁垒，禁止 B 国与 C 国进行贸易活动。此时，如果仍然让 C 国国民兑换大量 C 币不仅对他们没有好处，反而会在之后让他们手上的钱币贬值。但是，C 国国民的反应出乎我的意料。几乎没有几个国民来问模拟政府该怎么办，而是自己去跟 B 国的生产商谈判，想办法花出自己的 C 币。巧合的是，此时的 B 国因为管理不当，国内大部分生产商、贸易商出现了资金流动性问题，大部分公司已经出现交不起空气税的问题。无奈之下，众多公司忽视了政府的贸易禁令，和 C 国的贸易商继续开展交易，不然他们的未来就只有破产这一条路。于是，在这样的情况下，C 币又大量地进入了 B 国人的口袋中。

此时 C 国政府手中持有大量黄金，在最后一个财年开始的时候，我大量加印了 100 万 C 币，使其大幅度贬值。结果，B 国彻底被我们搞垮，公司宣布破产，模拟政府垮台。政府欠款达到了惊人的数量。这时，B 国模拟政府已经彻底无法挽回败局。我们决定收购 B 国，但由于赛制原因，我们无法收购国家，于是我们鼓励 B 国公民办理移民来 C 国。有不少 B 国人移民 C 国，也有不少人因无法承担移民费用而不得不破产退出市场。

这简直是一场历史性的胜利！在这其中，在各项政策上的快速反应是非常重要的，因为时机稍纵即逝，而我们很好地快速把握了每一个机会。

5. 玩是最好的社交

玩是最好的社交，这句话一点儿没错。在商赛期间，我放眼望去，大家都忙着在电脑上拟定合同或购买材料，还有一些人在激烈地谈判，为自己争

后记 1
我的玩娱授权实践

取最大的利益，新闻媒体努力撰写劲爆消息，记者们追在生产商的屁股后采访。可以说，没有一个人有丝毫的松懈。

在这样紧张的比赛下，没有什么比来点儿好玩的事情更能让人放松，也更能激励人了。第三财年的时候，C 国已经遥遥领先 B 国。我们设计了一些游戏来感谢 C 国国民的积极配合与信任，并鼓励 B 国国民不要气馁。我们设计了一些搞怪的规则，比如两个男的结婚可以获得一千黄金，参加掰手腕大赛、跳舞大赛、情侣速配等均有相应的奖励。大家玩得很开心，紧张的情绪也得到了释放。通过这些看似只是娱乐的活动，我们无意之间又将大家联系在了一起，转变了大家的消极态度，让他们变得更加团结，此后的工作效率又上了一个台阶。而且，我们鼓励身为对手的 B 国国民参与我们的活动，这对于后来吸引他们移民 C 国起到了非常积极的作用。

由此可见，玩并非只是"玩物丧志"，我们往往能在玩耍中增进了解与信任，学到知识和技能，提升热情与效率。这也是我们为什么要推行"玩娱授权"的原因。玩带给我们的价值是不可估量的！

以上这些是我作为一个模拟政府官员所感悟到的有效的管理策略。接下来，我来分析一下 B 国垮台的原因。

1. B 国模拟政府还是按照以前的套路来管理国家，缺乏创新，结果被 C 国创新的玩法来了个下马威。

2. B 国模拟政府在遇到突发情况时无法做出快速的反应，因此也丧失了很多交易的机会。

3. B 国模拟政府并没有设立"玩"的文化，在三个财年中，B 国的氛围总是压抑的，到处都是民众的不满，并没有看见开心的国民。

4. B 国模拟政府没有愉悦国民反而是剥夺国民。在第二财年资金不足时，B 国模拟政府大量向国民增税，导致国民极大不满，生产力自然也下来了。

5. B 国政府并不信任国民，在第二财年时实行闭关锁国政策，强迫国民不得与 C 国进行贸易，被发现者给予严厉惩罚，结果导致了国民的逆反心理。

总而言之，B 国模拟政府在管理中缺乏"玩娱授权"的各项原则，最终被 C 国击垮。

在这次商赛中，我所在的 C 国模拟政府获得了最佳政府奖。但获奖并不是重点，重要的是让我深刻体会到了什么样的管理模式才能最大限度地凝聚人心，激发组织成员的积极性和创造力。

未来，我还会花更多的时间去研究、探索玩娱授权。我相信，玩娱授权的理念与原则将在我今后的学习与生活中发挥越来越重要的作用。

2019 年 4 月 16 日于美国罗得岛州巴灵顿

后记2
玩赢未来

文／陈禹安

玩娱授权
从授权管理到授信管理

日本电影《小偷家族》中老奶奶的扮演者树木希林在接受采访的时候被问道:"对于年轻人,你有什么样的人生建议?"她的回答是:"请不要问我这么难的问题。如果我是年轻人,老年人说什么,我都是不会听的。"

树木希林真是太智慧了,她没有因为自己已经迈入老年而倚老卖老,而是能切换到年轻人的立场,准确地描绘他们的心声。确实,我们应该向树木希林学习,在我们的当下,成年人应该反过来听听年轻人的建议。

正是出于这样的原因,写作《玩娱授权》这本书之前,我邀请女儿陈泓希一起来完成这项挑战。泓希出生于 2001 年,今年刚刚满 18 周岁,在美国读十一年级,是一位非常典型的 00 后。她的反应当然也完全符合标准的 00 后思维——毫不犹豫地接受了挑战。

玩娱授权的核心就是将知情权、参与权和决策权授予一线员工。有意思的是,泓希与"玩具思维三部曲"(《玩具思维》《玩家意识》《玩娱授权》)之间的关系恰好反应这三项权力的逐步推进。

写作《玩具思维》的时候(2015 年),泓希只是知情。写作《玩家意识》的时候(2017 年),泓希开始参与,在暑假期间,她学会了如何收集整理资料。她还和小伙伴们组建了商业研究小组,通过互联网做了一份《00 后消费观调查》,还在和我的一次深度访谈中,贡献了她作为 00 后的商业观点。

后记 2
玩赢未来

此后的两年间,泓希更是成为《玩娱授权》的作者之一。她利用在美国的便利条件,收集了大量的英文案例资料;对代表性企业开展了调研;在周末的时候,通过微信和我展开探讨;她写的内容,也经过了多个轮次的修改与优化。她的努力与付出,已经全部呈现在这本书里。

泓希很早就对商业产生了浓厚的兴趣,也早早定下了大学要报考商科的目标。十年级功课压力不算太大的时候,她每周和我视频连线,系统学习了菲利浦·科特勒的《市场营销》,现在又在选修 AP 经济学的课程。正是这些提前进行的准备,才让她有机会来参与这本书的写作。

而对我来说,这也正是一个玩娱授权的试验。其实,我一开始也像大多数父亲一样,始终把孩子当作孩子,喜欢替孩子做决定,并没有完全意识到孩子具备自动自发、自主管理的巨大潜力。泓希是一个典型的 00 后,爱玩会玩,个性突出,坚持自己的主见,对于喜欢的东西能做到持之以恒。正是在我们之间的"斗争"中,让我真正认识了她。

诗仙李白曾经写过一首诗:"宣父犹能畏后生,丈夫未可轻年少。"在泓希身上,我已经感到了后生可畏、00 后可畏。她当然不是十全十美的,但是这并不重要,重要的是,我隐隐约约地看到了像她一样的 00 后所主导的未来。

玩赢未来的希望是在孩子们身上的。00 后这一代人,正在陆续走向成年。他们即将成为主流的消费者,主流的工作者,如果我们依然用确定性的老眼光来看待他们,限制他们,就会阻碍他们去创造充满不确定性的未来。

有一位作家在接受采访的时候这样说:"我和大多数人之间的区别在于:大多数人这样看待他们的生活,仿佛他们是在一列火车上,他们正坐在尾部的瞭望车里。他们看到铁轨向身后呼啸而去,非常失望。他们根据从前发生的一切确知接下来将会发生什么。他们确信自己的未来就像过去一样……但是,对于我来说,我这样看待我的生活,仿佛我坐在火车头里,在我的前面,景色消失在远方。我不知道自己将到哪里去,我不知道接下来将会发生什么。不论昨天发生什么,我都知道:今天,任何事情都有可能发生。那就是使我

玩娱授权
从授权管理到授信管理

愉快的事情,那就是使我保持活力的一切。"

整个玩具思维三部曲,论述的其实就是如何应对不确定的未来。正因为未来是不确定的,我们才有可能用各种不受限制的方法来创造美好。一旦你成了"确定性"的信徒,基本上你就失去了未来。

所以,我们要抓紧给孩子们玩娱授权,让他们在参与中适应,在试错中成长,在不确定中升华!

为了玩赢未来,我们不要再总想着赋能孩子,让他们听我们的,为什么不让他们自己来呢?

我们唯一要做的就是紧紧跟上……

2019 年 4 月 15 日于别馆 13B